Fünf Arten von Glück

Betrachtungen, Erzählungen
und historische Skizzen
aus dem China des 15. bis 19. Jahrhunderts

Ausgewählt, übersetzt und mit einer Einführung
von Rainer Schwarz

Reihe Phönixfeder 28

OSTASIEN Verlag

Die mit „Freuden einer Bauernfamilie" („Tianjia le" 田家樂) überschriebene Szene auf der Umschlagvorderseite entstammt der von Kuang Fan 鄺璠 (*jinshi* 1493) verfassten Agrarenzyklopädie *Bianmin tuzuan* 便民圖纂. Der Name des Handwerkers, der diese Seite (1.8b) für den im 21. Jahr der Ära Wanli 萬曆 (1593) publizierten Blockdruck in Holz geschnitten hat, ist in der Paginierungsspalte mit Fu Wenxian 傅文獻 angegeben.

Die rot eingefärbten Zeichen „Wufu" 五福 („Fünf Arten von Glück") sind nicht Bestandteil des ursprünglichen Bildes.

Bibliographische Information der Deutschen Nationalbibliothek
Die Deutsche Nationalbibliothek verzeichnet diese Publikation in der Deutschen Nationalbibliographie; detaillierte bibliographische Daten sind im Internet über http://dnb.d-nb.de abrufbar.

2015. OSTASIEN Verlag, Gossenberg (www.ostasien-verlag.de)
1. Auflage. Alle Rechte vorbehalten

Redaktion, Satz und Umschlaggestaltung:
    Martin Hanke und Dorothee Schaab-Hanke
Druck und Bindung:
    Rosch-Buch Druckerei GmbH, Scheßlitz
Printed in Germany
ISBN 978-3-940527-89-9

Inhalt

Einführung v

Teil I: Betrachtungen

Fünf Arten von Glück 1
Vom Essen und Trinken 4
Gaukelkünste 40

Teil II: Erzählungen

Die Geschichte vom Wolf in den Zhongshan-Bergen 57
Eine Darstellung von Leben und Taten der Frau Liu 67
Der pietätvolle Sohn Zhou 72
Cuiliu 91
Der kesse Chu 93
Die Falkenjagd 96
Der alte Gemüsehändler Li 101
Die bunten Boote vom Perlfluss 103
Die kleine Geschichte von Mary 112

Teil III: Historische Skizzen

Kurze Darstellung des Überfalls auf Linqing 123
Die Causa falscher Kaiserenkel 147

Stellennachweise 151

Einführung

Im Vergleich mit dem weiten Meer der altchinesischen Erzählliteratur nimmt sich die vorliegende kleine Auswahl wie ein winziger Tropfen aus. Aber es heißt ja zu Recht: Im Wassertropfen spiegelt sich die Welt. Und so spiegeln auch die hier versammelten Texte wesentliche Züge des Lebens und Denkens im alten China wider.

Das Grundlegendste, das „Leib und Seele zusammenhält", behandelt Li Yu 李漁 (1611–1680?) im Abschnitt „Yinzhuan" 飲饌 seines Buches *Gelegentliche Zuflucht für die müßigen Gefühle* (*Xianqing ouji* 閒情偶寄).

Li Yu war ein äußerst vielseitig engagierter Künstler, der Gedichte, Romane, Erzählungen, Essays und vor allem Bühnenstücke verfasste. Letztere führte er mit einer eigenen Truppe, bestehend aus seinen Nebenfrauen und Sklavinnen, auf ausgedehnten Reisen in den Anwesen der Wohlhabenden in vielen Gegenden des Landes auf. Obendrein war er ein geschätzter Gartenarchitekt und auch Verleger. Der Name seines Gartens in Nanjing 南京 lebt in dem von ihm herausgegebenen *Mallehrbuch aus dem Senfkorngarten* (*Jiezi Yuan huazhuan* 芥子園畫傳) fort. In Beijing 北京 gestaltete er den „Auf einem Halben Mu angelegten Garten" (Banmu Yuan 半畝園), der später Wanggiyan Linking (chin. Wangyan Linqing 王顏·麟慶, 1791–1846) gehörte, einem zum hochrangigen Beamten aufgestiegenen Sklaven (chin. *baoyi* 包衣 für mandschurisch *boo'i*) des mandschurischen Geränderten Gelben Banners (Kubuhe suwayan i gūsa, chin. Xianghuang Qi 鑲黃旗) und Nachfahren der tungusischen Jurchen-Herrscher, die als Jin-Dynastie 金朝 von 1115 bis 1234 in Nordchina an der Macht waren. Er schreibt darüber unter dem Titel „Auf einem halben Mu einen Garten anlegen" („Banmu yingyuan" 半畝營園) in der dritten, 1846 erschienenen Sammlung seiner reich bebilderten Autobiographie *Illustrierte Aufzeichnungen über Ursachen und Anlässe der „Schwanengansspuren im Schnee"* [*d. h. der Spuren der Vergangenheit*] (*Hongxue yinyuan tuji* 鴻雪因緣圖記).

Ein anderes elementares Problem des menschlichen Daseins spricht Qian Yong 錢泳 (1759–1844) an, der den größten Teil seines Lebens in der untergeordneten Stellung eines Amtssekretärs in den verschiedensten Orten nördlich und südlich des Yangzi-Stromes (Chang Jiang 長江) verbrachte und nebenher Gedichte und Essays schrieb, in denen er die provokante These aufstellte: „Ein langes Leben ist kein Glück." Dabei betrieb man im alten China einen regelrechten Kult der Langlebigkeit. Es gab eine spezielle Gottheit des Langen Lebens (Shouxing 壽星), der Opfer dargebracht wurden, den Jubilaren wünschte man „ein Leben, so lang wie das der südlichen Berge" (*shou ru nanshan* 壽如南山), zum Geburtstag isst man noch heute lange Nudeln (*changshou mian* 長壽麵, wörtlich: Nudeln für ein langes Leben) sowie Pfirsiche, die als Sinnbild für Langlebigkeit dienen, weil langes Leben (*shou* 壽) und Pfirsich (*tao* 桃) in ältester Zeit gleich oder fast gleich ausgesprochen wurden.

Die beiden langlebigen Kaiser der mandschurischen Qing-Dynastie, Shengzu 聖祖 (Kangxi 康熙) und sein Enkel Gaozong 高宗 (Qianlong 乾隆), ließen eine alte Tradition wiederaufleben, indem sie an ihren großen runden Geburtstagen im Kaiserpalast jeweils ein „Bankett für tausend alte Männer" (*qiansou yan* 千叟宴) ausrichteten, auf dem einmal fast sechstausend Männer im Alter von über sechzig und mehr als zehn von über hundert Jahren bewirtet und beschenkt wurden.

Der 70. Geburtstag des Kaisers Gaozong, der 1780 gefeiert wurde, führt uns zum nächsten Text – „Gaukelkünste" (chin. *huanxi* 幻戲). Sein Verfasser ist Pak Chi-won 朴趾源 (chin. Pu Zhiyuan, 1737–1805), ein koreanischer Gelehrter der „Schule des pragmatischen Lernens" (*shixue jia* 實學家), der als Begleiter der offiziellen Delegation des Vasallenstaates von Seoul über Beijing nach Jehol (chin. Rehe 熱河) reiste, wo der Kaiser in seiner Sommerresidenz (chin. Bishu shanzhuang 避暑山莊, wörtl. „Bergchalet zur Vermeidung der Hitze") die Gratulanten empfing.

Auf der Reise führte Pak Chi-won ein Tagebuch (*Yŏrha ilgi* 熱河日記, chin. *Rehe riji*), das in chinesischer Schriftsprache abgefasst ist, die für gebildete Koreaner ein Muss war. Diesem Tagebuch entstammt der Text.

Die Fabel vom Wolf in den Zhongshan-Bergen („Zhongshan lang zhuan" 中山狼傳) schrieb Ma Zhongxi 馬中錫 (1446–1512), ein hoher Beamter unter drei Ming-Kaisern, der letzten Endes zu Unrecht verdächtigt und ins Gefängnis geworfen wurde, wo er starb. Postum wurde er rehabilitiert. Ma schrieb Gedichte und Prosa, sein „Wolf" ist ein in China allbekanntes Symbol für jemanden, der Gutes mit Bösem vergilt, wie zum Beispiel eine Kapitelüberschrift in dem großen Romanwerk *Honglou meng* 紅樓夢 zeigt, das im Deutschen den unglücklichen Titel *Der Traum der roten Kammer* trägt. (Was ist eine „rote Kammer"? Was bedeutet „der Traum der ... Kammer"?) Dort heißt es in der Überschrift zum 79. Kapitel wörtlich übersetzt: „Jia Yingchun wird fälschlich mit einem Wolf aus den Zhongshan-Bergen verheiratet." (賈迎春誤嫁中山狼).

Als eine Kardinaltugend galt im alten China die Kindespietät *xiao* 孝. Sie manifestierte sich im unbedingten Gehorsam der Kinder gegenüber den Eltern, solange diese am Leben waren, und nach ihrem Tod in der Anlage einer würdigen Grabstätte an einem vom Geomanten bestimmten glückverheißenden Ort, einem möglichst üppigen Begräbnis und regelmäßigen Opfern an den Ahnengräbern, damit die Toten nicht als Hungergeister (*egui* 餓鬼) umherirren müssen.

Einen besonders herausragenden Fall schildert Qian Yong, von dem auch die „Fünf Arten von Glück" („Wufu" 五福) stammen, in seinem Bericht über Zhou Fangrong 周芳容 aus Huating 華亭 in der Provinz Jiangsu 江蘇 („Shu Zhou xiaozi shi" 書周孝子事), der sich in den Jahren 1812/13 allein und mittellos bis nach Guizhou 歸州 in der Provinz Hunan 湖南 durchschlug, um die Gebeine seines Vaters zu suchen und sie zu Hause in gebührender Weise zu bestatten.

Eine augenzwinkernd heitere Note ist den Geschichten von Zeng Yandong 曾衍東 zu eigen, die er als einer von vielen nach dem Vorbild der *Merkwürdigkeiten, aufgezeichnet in der Studierstube „Für den Augenblick"* (*Liao Zhai zhiyi* 聊齋志異) von Pu Songling 蒲松齡 (1640–1715) schrieb und unter dem Titel *Die kleine Bohnenlaube* (*Xiao doupeng* 小豆棚) zusammenfasste, der an die *Müßigen Geschichten aus der Bohnenlaube* (*Doupeng xianhua* 豆棚閒話) erinnert, die einzige Rahmenerzählung in der altchinesischen Literatur.

Zeng Yandong stammte aus Jiaxiang 嘉祥 in der Provinz Shandong 山東 und lebte von 1751 bis 1830. Im Jahre 1792 bestand er die staatliche Prüfung auf Provinzebene als Magister (*juren* 舉人) und wurde als Kreisvorsteher von Jiangxia 江夏 in der Provinz Hunan 湖南 eingesetzt, verlor aber diesen Posten und wurde nach Wenzhou 溫州 in der Provinz Zhejiang 浙江 verbannt. Als er später begnadigt wurde, war er zu arm und zu alt, um in seine Heimat zurückzukehren, und so starb er in der Fremde.

Neben Prosa schrieb Zeng Yandong auch Gedichte; seine Kalligraphien und Malereien zeichnen sich vielfach durch Exzentrizität aus.

Xuan Ding 宣鼎, der Verfasser der „Bunten Boote vom Perlfluss" („Zhujiang huafang" 珠江花舫), ist ein weiterer und später Nachahmer von Pu Songling. Er wurde 1832 in eine reiche Familie hineingeboren, aber nachdem beide Eltern gestorben waren, als er eben zwanzig war, ging es mit ihm auf Grund seiner Weltfremdheit wirtschaftlich bergab. Er heiratete dann in die Familie seiner Frau ein, später wurde er, um seine eigene Familie ernähren zu können, zunächst notgedrungen Soldat – entgegen der sprichwörtlichen Maxime „Aus gutem Eisen macht man keine Nägel, ein guter Kerl wird nicht Soldat" (好鐵不作釘，好漢不當兵). Danach war er Amtssekretär, schließlich aber lebte er in Shanghai 上海 vom Verkauf seiner Kalligraphien und Malereien. Seine *Aufzeichnungen unter der Herbstlampe bei nächtlichem Regen* (*Yeyu qiudeng lu* 夜雨秋燈錄) erschienen erstmals 1877, eine Fortsetzung in Xuans Sterbejahr 1880.

Wang Tao 王韜 (1828–1897), ein Zeitgenosse von Xuan Ding, war einer der letzten in der langen Reihe chinesischer Erzähler, die Geschichten in der klassischen Literatursprache verfassten, wie Pu Songling sie wieder in Mode gebracht hatte. Wang Tao schrieb drei große Sammlungen solcher Geschichten, jede in zwölf Büchern. Das Vorwort zu den *Literarischen Skizzen aus einem Versteck am Fluss Wusong* (*Songyin manlu* 淞隱漫錄), in denen die „Kleine Geschichte von Mary" („Meili xiaozhuan" 媚梨小傳) enthalten ist, stammt von 1884, erstmals gedruckt wurde das Buch 1887. Zum Inhalt von Wang Taos Geschichten ist zu sagen, dass darin nicht nur, wie Lu Xun 魯迅 (1881–1936) in seiner 1923 erschienenen *Kurzen Geschichte der chinesischen Erzählliteratur* (*Zhongguo xiaoshuo shilüe* 中國小說史略, Abschnitt 22) festgestellt hat, „die Fuchsgeister schon allmählich selten werden, und die Taten von Prostituierten und schönen Frauen zahlreich sind". Etwa 170 Jahre nach Pu Songling lebte Wang Tao auch in einer deutlich anderen Zeit: Mit Waffengewalt war das Tor, das auf den chinesischen Absatzmarkt führte, aufgebrochen worden, und in den Vertragshäfen konnten sich ausländische Diplomaten, Missionare, Unternehmer und Abenteurer frei bewegen und betätigen. Die Erfahrungen des vertrauten Umgangs mit Ausländern in China und die Erlebnisse während eigener Reisen nach Europa und Japan sind in Wang Taos Geschichten deutlich sichtbar, wofür die „Kleine Geschichte von Mary" ein gutes Beispiel ist.

Im Westen ist Wang Tao vor allem dafür bekannt, dass er dem schottischen Sinologen James Legge (1815–1897) bei der Übersetzung der chinesischen Klassiker ins Englische half.

Der mehrfach erwähnte Pu Songling genießt für das *Liao Zhai zhiyi*, seine große Sammlung phantastischer Geschichten, in China noch heute höchsten Ruhm, und auch weltweit ist sein Name wohlbekannt. Zu Lebzeiten aber war er bitterarm. Wohl hatte er die Staatsprüfung auf Präfekturebene glanzvoll bestanden, aber sooft er danach auch an der Prüfung auf Provinzebene teilnahm, war er doch nie erfolgreich und wurde so nie ein Magister, wodurch er auf einen Beamtenposten hätte hoffen können. Also musste er den Lebensunterhalt für seine Familie als Amtssekretär und Hauslehrer verdienen. Dadurch hatte er nie genug Geld, um sein großes Werk drucken zu lassen, es kursierte nur in Abschriften, ehe es fünfzig Jahre nach Pu Songlings Tod erstmals im Druck erschien. Von der Reinschrift des Originalmanuskripts blieb in der Familie Pu nur die erste Hälfte erhalten. Die zweite Hälfte wurde angeblich 1941 in einem Berliner Museum gesehen.

Einen anschaulichen Einblick in die bescheidenen Lebensverhältnisse von Pu Songlings Familie gewährt seine Darstellung von Leben und Taten seiner Ehefrau Liu („Shu Liu shi xingshi" 述劉氏行實).

Eine Bestätigung fand Pu Songlings Armut, als während der „Kulturrevolution" (1966–1976) „Rotgardisten" (*hong weibing* 紅衛兵) unter dem Vorwand des „Kampfes gegen feudalistische Überbleibsel" in der Hoffnung, Schätze zu finden, das Grab von Pu Songling und seiner Frau schändeten. Dabei fanden sie als Grabbeigaben nur vier Stempelsiegel von Pu Songling, einen einfachen Tuschereibstein, eine Öllampe und ein Handöfchen, beides aus Messing, sowie das Mundstück einer Tabakspfeife aus Glasfluss. Der Schädel ruhte auf einem dicken Buch, das nach 250 Jahren im Erdreich sofort zerfiel, als man es aufhob.

Der Essayist und Übersetzer Zhou Zuoren 周作人 (1885–1967), jüngerer Bruder von Zhou Shuren 周樹人 alias Lu Xun, schrieb 1930:

> Die chinesische Nation ist, wie es scheint, mordlustig. In den letzten dreihundert Jahren sind Zhang [Xianzhong] 張獻忠, Li [Zicheng] 李自成, Hong [Xiuquan] 洪秀全 und Yang [Xiuqing] 楊秀清 bis hin zu den „Boxern" deutliche Belege hierfür, dabei sind in den Büchern keine ein oder zwei Prozent davon beschrieben. Noch heute bekommt man es mit der Angst zu tun, wenn man darüber liest... O weh, wird es den Späteren bei der Betrachtung des Heute genauso ergehen wie den Heutigen bei der Betrachtung des Damals?

Einen blutigen Kampf zwischen Aufständischen und Regierungstruppen erlebte der weitgereiste Beamte und Literat Yu Jiao 俞蛟, Magister des Jahrgangs 1736, im Herbst 1774 zufällig als Augenzeuge. Er beschrieb ihn unter dem Titel *Kurze Darstellung des Überfalls auf Linqing* („Linqing koulüe" 臨清寇略) in Buch 6 seines Werks *Vermischtes aus der Traumklause* (*Meng'an zazhu* 夢厂雜著, Vorwort 1801; 厂 steht hier für 庵).

Aisin Gioro Jooliyan (chin. Aixinjueluo Zhaolian 愛新覺羅·昭槤; 1780–1833, auch bekannt als „Prinz Li", Li *qinwang* 禮親王), war ein Angehöriger der Herrscherfamilie der mandschurischen Qing-Dynastie. Von dem Wunsch getrieben, der Nachwelt etwas Nützliches zu hinterlassen, schrieb er *Vermischte Aufzeichnungen aus dem Pfeifpavillon* (*Xiao Ting zalu* 嘯亭雜錄), in denen er Hunderte Fakten, Ereignisse, Anekdoten usw. aus der Geschichte der Qing-Dynastie festhielt, die sonst nirgendwo verzeichnet sind, was sein Buch zu einer wichtigen Quelle macht. Als Beispiel ist hier „Die Causa falscher Kaiserenkel" („Wei huangsun shi" 偽皇孫事) übersetzt.

Teil I: Betrachtungen

Fünf Arten von Glück

Unter den fünf Arten des Glücks, von denen im „Großen Plan" [einem Kapitel des *Buches der Urkunden* (*Shangshu*)] die Rede ist, steht die Langlebigkeit an erster Stelle. Die einen erreichen in Reichtum und Vornehmheit ein hohes Alter, die anderen in Armut und Geringfügigkeit und wieder andere durch Selbstvervollkommnung als buddhistischer oder daoistischer Mönch in der Bergeinsamkeit. Nicht alle diese Fälle sind mit Notwendigkeit als Glück anzusehen. Warum? In unseren Tagen kommt es vor, dass jemand achtzig, neunzig oder gar mehr als hundert Jahre alt wird und von den Leuten als unsterblicher Heiliger oder Methusalem beneidet wird, während er sich selbst für nutzlos und überflüssig hält. Unter den Verwandten und Bekannten seiner Generation ist kaum einer von zehn noch am Leben; wohin er schaut, sieht er nur Jüngere, und so weiß er nicht, mit wem er reden soll. Außerdem gleichen die Dinge dieser Welt einer Schachpartie, dauernd ergibt sich eine neue Situation. Darum empfindet er durchaus keine Freude, sondern wird nur immer übellauniger. Entweder seine Ohren sind taub und die Augen blind, oder aber sein Gebiss ist lückenhaft und der Kopf kahl. Vielleicht auch hat er mehrere Krankheiten des Alters auf einmal und liegt hilflos im Bett. Zwar sind viele Söhne und Enkel um ihn herum, und fünf Generationen leben unter einem Dach, aber für ihn existiert alles nur noch dem Namen nach, wie also kann man das Glück nennen?

Unter den fünf Arten des Glücks, von denen im „Großen Plan" die Rede ist, steht der Reichtum an zweiter Stelle. Mir scheint, der Reichtum ist eine höchst beschwerliche Angelegenheit, eine Vorratskammer des Ärgers. Die einen sind vornehm und reich, die anderen gewöhnlich und reich, die einen werden reich durch die Feldarbeit, die anderen werden reich durch Handelsgeschäfte. Ihr Reichtum ist uneinheitlich, ihre Mühen sind zehntausendfach. Wie kann man das Glück nennen? Ein reicher Mann werden, das ist leicht gesagt, aber wer das schaffen will, muss sich jahrzehntelang den Kopf zermartern, von den drei menschlichen Grundbeziehungen und den fünf Kardinaltugenden Abstand nehmen und sich aller Empfindungen und Gelüste enthalten. Der kleinste Verbrauch erscheint ihm wie der Verlust von Gold und Perlen, und das geringste Opfer sieht er als Schicksalsfrage an. So wird er je geiziger desto reicher und je reicher desto geiziger. Nur auf diese Weise kann er Millionen scheffeln und sich einen Krösus nennen. Wer großzügig ist und die Menschenpflicht achtet, wer sein Geld mit leichter Hand ausgibt, der kann nicht reich werden. Jemand könnte einwenden: „Das mag auf den zutreffen, der durch Feldarbeit oder Handelsgeschäfte reich wird. Heutzutage aber kommen solche Leute wie Unterbeamte, Amtsdiener, Beziehungsprofiteure und Klageführer durch einen einzigen Streitfall oder ein einziges Wort zu Reichtum. Wie müssten sie sich jahrzehntelang den Kopf zermartern?" Darauf erwidere ich: Habt ihr noch nie erlebt, wie ein Unterbeamter, Amtsdiener oder dergleichen durch eine einzige Fehlentscheidung oder einen einzigen Todesfall arm geworden ist? Verallgemeinernd kann man sagen, mit Reichtümern ist es wie mit dem Wasser, das die Gräben füllt, oder wie mit Schnee und Eis, die sich anhäufen. So schnell wie sie kommen, verschwinden sie auch wieder. Das Vermögen, das man durch Feldarbeit oder Handelsgeschäfte erwirbt, gleicht einem Fluss, den man eindeicht, oder Wasser, mit dem man einen Teich füllt, wobei man ihn nicht zu voll laufen lassen darf. Wenn eines Tages bei einem Gewittersturm die Deiche brechen, kann im Nu alles Wasser ausströmen. Man muss wissen: Ansammeln geht schwer, Verlieren geht leicht.

Unter den fünf Arten des Glücks, von denen im „Großen Plan" die Rede ist, heißt die dritte Gesundheit und Sorgenfreiheit. Und unter den fünf Arten des Glücks ist es wohl mit Gesundheit und Sorgenfreiheit am schwierigsten. Eine Familie besteht aus mehreren Dutzend Menschen, die verschiedene Vorzüge und Schwächen aufweisen. Wie könnte es da ohne Krankheiten, wie ohne Zwischenfälle abgehen? Wenn jemand ein langes Leben hat und auch Reichtümer besitzt, aber nicht in Gesundheit und Sorgenfreiheit lebt, so dass die Zahl seiner Söhne und Enkel spärlich ist, dass er immer wieder vor Gericht gezerrt wird, dass er entweder von Überschwemmungen beziehungsweise Feuersbrünsten betroffen oder aber häufig von Räubern überfallen wird, was hat er dann von seiner Langlebigkeit und seinen Reichtümern?

Jemand könnte fragen: „Wenn Langlebigkeit und Reichtum kein Glück sind, was ist dann Glück?" Darauf erwidere ich: Langlebigkeit ist kein Glück, Gesundheit und Sorgenfreiheit sind Glück; Reichtum ist kein Glück, beständige Liebe zur Tugend ist Glück. Im menschlichen Leben, das einige Jahrzehnte währt, kommt es nicht darauf an, ob man in Not oder im Erfolg lebt. Wenn man versteht, sich zu freuen und sich zu bescheiden, wozu muss man dann unbedingt hundert Jahre alt werden? Wenn man warm anzuziehen und satt zu essen hat und die rituellen Verhaltensregeln beherrscht, wozu muss man dann gewaltige Reichtümer besitzen?

Im menschlichen Leben das Glück zu bewahren ist sehr schwer. Selbst ein Heiliger ist hierbei nicht sein eigener Herr. Die beständige Liebe zur Tugend aber liegt bei einem selbst. Dazu sagt man: ein Tugendhafter findet mit Sicherheit seinen Platz, erhält mit Sicherheit seinen Lohn, erntet mit Sicherheit seinen Ruhm, erreicht mit Sicherheit das ihm gebührende Alter. Wie aber könnte es Gewissheit darüber geben, ob das Leben lang oder kurz sein wird und ob man es in Not oder Erfolg verbringt? Darum ist es angebracht, dass man lieber an der Tugend festhält und abwartet, als die Tugend einzubüßen und die Sache zu verderben.

Es gibt das Glück zu Lebzeiten und das Glück nach dem Tode. Das Glück zu Lebzeiten sind Langlebigkeit, Reichtum sowie Gesundheit und Sorgenfreiheit. Das Glück nach dem Tode ist ein tausend Jahre währender Ruhm. Wie kurz ist doch das Glück zu Lebzeiten, und wie lang ist doch das Glück nach dem Tode! Aber das Kurze ist real, und das Lange ganz und gar irreal. Darum sagt Zhang Han: „Lieber jetzt einen Becher voll Wein in der Hand als nach meinem Tod berühmt sein." Das ist ein trefflicher Ausspruch.

Vom Essen und Trinken

1. Gemüsekost

Augen und Ohren, Nase und Zunge, Hände und Füße, Leib und Gerippe – nichts von alledem darf meiner Meinung nach am menschlichen Körper fehlen. Was aber überhaupt nicht notwendig anzubringen war und was er dennoch unbedingt bekommen musste, woraufhin es dem Volk für ewige Zeiten zur Last wurde, sind nur zwei Dinge – der Mund und der Bauch. Weil Mund und Bauch da sind, ist der Lebensunterhalt kompliziert. Weil der Lebensunterhalt kompliziert ist, kommt es zu Bosheit und Betrug. Weil es zu Bosheit und Betrug kommt, konnte man auf die Einführung der fünferlei Strafen nicht verzichten. Der Herrscher kann seine Fürsorge nicht in die Tat umsetzen, die Eltern können ihrer Liebe nicht freien Lauf lassen. Der Schöpfer liebt sein Geschöpf, aber auch er kann nicht gegen seinen Willen handeln, und das alles nur, weil er ihm damals keine gute Gestalt gegeben und ihm die Last dieser beiden Dinge aufgebürdet hat. Gräser und Bäume haben nicht Mund und nicht Bauch, aber sie leben trotzdem; Felsen und Boden bekommen nichts zu essen und zu trinken, doch ich wüsste nicht, dass sie nicht wüchsen. Warum hat der Mensch allein eine andere Gestalt und musste Mund und Bauch bekommen? Und wenn ihm auch Mund

und Bauch gewachsen sind, hätte man ihn doch Wasser trinken lassen sollen wie die Fische und die Garnelen oder Tau aufsaugen wie die Zikaden, die daraus Lebenskraft schöpfen können, so dass sie tauchen und springen beziehungsweise fliegen und zirpen. Wenn dem so wäre, gäbe es keine Forderungen an die Welt, und das Leiden des Volkes hätte ein Ende. Aber dem Menschen sind nun einmal Mund und Bauch gewachsen, und überdies sind seine Gelüste so vielfältig wie eine Schlucht, die sich nicht füllen lässt. Sie sind vielfältig und dabei so bodenlos wie Strom und Meer, die man nicht zuschütten kann. Und so muss der Mensch sein Leben lang die Kraft aller Sinne und Knochen erschöpfen, um dem Bedarf eines Organs zu dienen, den er doch nicht befriedigen kann. Ich habe hin und her überlegt, und ich kann dem Schöpfer den Vorwurf nicht ersparen. Ich weiß auch, dass der Schöpfer seinen Fehler bedauert. Weil aber einmal Festgelegtes schwer zu verändern ist, muss es notgedrungen falsch bleiben bis in alle Ewigkeit. Wahrhaftig, bei der Einführung einer Ordnung muss man zu Anbeginn achtsam sein und darf nicht leichtfertig etwas festlegen. Dass ich dieses Buch zusammenstelle und mich dabei auch über Essen und Trinken auslasse, hätte nicht unbedingt sein müssen. Ich trete nur für Mäßigkeit ein und verleite nicht zu Verschwendung, nachdem ich nicht umhin kann, den Fehler des Schöpfers zu bemänteln. Auch muss ich bei Erwägung des Anfangs das Ende bedenken und will alle Wesen vor Leid bewahren. Wenn ich meine Klugheit unter Beweis stellen wollte und Tausende und aber Tausende von Menschen zum Genuss verleitete, würden nicht nur Vögel, Vierfüßer und Insekten ausgerottet werden. Vielmehr sage ich mir, was erst einmal Sitte geworden ist, wird von Tag zu Tag schlimmer. Und wer weiß, ob dann nicht ein neuer Yiya auftaucht, der im Streben nach Ruhm seinen eigenen Sohn kocht, oder ob man nicht Säuglinge schlachtet, um sich bei schurkischen Hofbeamten einzuschmeicheln, so dass die Geschichte sich wiederholt, die zum Untergang der Sui-Dynastie geführt hat. Wie dürfte ein einmal gemachter Fehler noch ein weiteres Mal begangen werden! So wage ich nicht, die vom Schöpfer verliehene Gestalt nicht als Warnung zu nehmen.

Nach den Prinzipien der Tonkunst ist der Bambus der Blasinstrumente besser als die Seidensaiten der Zupfinstrumente, und das Fleisch der menschlichen Kehle ist besser als der Bambus der Blasinstrumente. Das liegt daran, dass immer eins der Natur näher ist als das andere. Ich meine, dass nach den Prinzipien von Essen und Trinken unzerkleinertes Fleisch besser ist als fein geschnittenes und Gemüse besser als Fleisch. Das liegt ebenfalls daran, dass immer eins der Natur näher ist als das andere. Gras als Kleidung und Baumfrüchte als Nahrung, so waren die Sitten in ältester Zeit. Wenn sich die Menschen von Fettigem fernhalten könnten, wenn sie Gemüse äßen und dieses als wohlschmeckend empfänden und wenn sie den Gemüsegarten in ihrem Bauch nicht von Hammeln zertrampeln ließen, würden sie gleichsam wieder zum Volke des Urkaisers Fuxi werden und würden satt und zufrieden leben wie unter Yao und Shun. Es ist damit dasselbe wie mit der Wertschätzung von Antiquitäten. Mich wundert an der Welt, dass man auf diesen guten Namen verzichtet, die Sache als Irrglauben abtut und meint, sie sei ein Gebot der buddhistischen Lehre. Das aber ist nicht wahr.

Bei der Abfassung dieses Buches über Essen und Trinken stelle ich die Fleischspeisen hintenan und beginne mit dem Gemüse, zum einen aus Respekt vor der Mäßigkeit, zum anderen zwecks Wiederbelebung des Altertums. Auch sind mir die Tragweite des Schlachtens und das Mitgefühl für alles Lebende ständig bewusst, und ich brächte es nicht fertig, sie etwa zu vergessen.

Bambussprossen: Wenn vom Wohlgeschmack der Gemüsekost die Rede ist, sagt man nur, sie sei rein, sei sauber, sei duftig, sei knackig, ohne zu bedenken, dass das Beste, wodurch sie Fleischspeisen überlegen ist, allein in dem

Wort Frische liegt. Im *Buch der Riten* heißt es: „Wohlschmeckendes lässt sich gut würzen, Weißes lässt sich leicht färben." Frische ist es, woraus der Wohlgeschmack entsteht. In diesen Genuss kommen nur die Mönche in den Bergen und die Alten auf dem Lande, die mit eigener Hand einen Garten bestellen, aber nicht die Leute in der Stadt, die von dem leben, was sie beim Gemüsehändler bekommen.

Bei anderen Gemüsesorten kann sich, wer einen Garten neben dem Haus hat, mag er in der Stadt oder in der Bergeinsamkeit leben, jederzeit diese Freude verschaffen, indem er sofort zubereitet, was er geerntet hat. Für Bambussprossen aber ist nur die Bergeinsamkeit geeignet. Was in der Stadt wächst, hat – egal, wie duftig und frisch es sein mag – mit Bambussprossen nur den Namen gemein. Diese sind die Nummer eins unter allem Gemüse, und weder fettes Hammelfleisch noch zartes Schweinefleisch ist ihnen ebenbürtig. Wenn man Bambussprossen mit Fleisch kocht und gemeinsam in eine Schüssel füllt, essen die Leute nur die Bambussprossen und lassen das Fleisch liegen, woran zu erkennen ist, dass Fleisch das Verzichtbare ist, während Bambussprossen das Unverzichtbare sind. Und wenn das schon mit Bambussprossen so ist, die man auf dem Markt kaufen kann, um wieviel mehr gilt es für solche, die man eben in den Bergen ausgegraben hat.

Bambussprossen kann man auf so viele Arten essen, dass ich sie nicht alle aufzuzeichnen vermag. Wenn ich es in zwei Sätzen zusammenfassen soll, sage ich: vegetarisch am besten mit klarem Wasser, nichtvegetarisch mit fettem Schweinefleisch. Wenn man Bambussprossen als Fastenspeise isst, indem man andere Sachen dazugibt und sie mit Sesamöl abschmeckt, dann überdeckt der schale Geschmack die Frische, und was den eigentlichen Reiz der Bambussprossen ausmacht, geht verloren. Man koche sie in Wasser, bis sie gar sind, und gebe nur etwas Sojawürze dazu. Seit jeher sind die besten Speisen geeignet, für sich allein zu bleiben. Zu dieser Kategorie gehören die Bambussprossen.

Wenn man sie mit Fleisch mischt, sind Rind, Hammel, Huhn und Ente nicht das Richtige, nur für Schweinefleisch sind sie geeignet, und nur für fettes. Dabei geht es nicht um das Fett. Fettes Fleisch kann wohlschmeckend sein. Wenn dieser Wohlgeschmack in die Bambussprossen eingeht, schmeckt man nicht ihn, sondern nur das Äußerste an Frische. Nach dem Garkochen muss man alles fette Fleisch herausnehmen, und auch von der Brühe sollte man nicht zu viel übriglassen. Man behält lediglich die Hälfte und füllt mit heißem Wasser auf. Zum Würzen nimmt man nur Essig und Reiswein. Dies ist das Grundsätzliche über die Zubereitung von Bambussprossen mit Fleisch.

Bambussprossen sind ein Produkt, das nicht nur für sich allein oder zusammen mit anderen seinen Wohlgeschmack offenbart, sie sind auch geeignet, um alle Speisen, Fleischspeisen wie fleischlose Speisen, zu würzen. Bambussprossen sind für das Essen ebenso unverzichtbar wie das Süßholz für die Arznei, weil dadurch jeder Geschmack Frische erhält. Man muss bloß nicht die ausgekochten Reste verwenden, sondern die flüssige Essenz. Ein guter Koch wird das Wasser, in dem er Bambussprossen gebrüht hat, nie weggießen, sondern aufbewahren, um alle anderen Gerichte damit zu verfeinern. Die Esser wissen nur, dass die anderen Sachen frischer schmecken, aber sie wissen nicht, dass es etwas gibt, um sie frischer schmecken zu lassen.

Von den Speisen, die im [*Klassiker der*] *Heilenden Kräuter* enthalten sind, schmecken nicht alle gut, die für den Menschen nützlich sind, und was gut schmeckt, ist nicht unbedingt nützlich. Wenn man beides haben will, geht nichts über Bambussprossen. Su Dongpo hat gesagt: „Lieber fleischlos essen, als ohne Bambus leben. Ohne Fleisch wird man mager, ohne Bambus vulgär." Er wusste nicht, dass man mit dem, womit man der Vulgarität abhilft, auch der Magerkeit abhelfen kann. Der Unterschied liegt darin, dass das eine ein ausgewachsener Bambus ist, während das andere seine Sprossen sind.

Pilze: Verlangt man, die Bambussprossen ausgenommen, nach etwas von höchster Frische und höchstem Wohlgeschmack, gibt es nur die Pilze! Das Wesen der Pilze ist so, dass sie weder Wurzeln noch Stengel haben und ganz plötzlich entstehen. Es ist wohl der Hauch von Bergen und Strömen, Gräsern und Bäumen, der sich zusammenballt und Gestalt annimmt. Doch es ist eine Gestalt ohne Körper. Von allen Dingen, die einen Körper haben, bleiben Rückstände; was ohne Rückstände ist, hat keinen Körper. Was aber keinen Körper hat, ist nichts als Hauch. Wenn man so etwas isst, saugt man gleichsam den Hauch von Bergen und Strömen, Gräsern und Bäumen ein. Es ist nichts daran, was für den Menschen nicht nützlich wäre.

Dass Pilze giftig werden und Menschen töten können, liegt nach dem [*Klassiker der*] *Heilenden Kräuter* daran, dass Schlangen und Würmer darüberkriechen. Ich sage, das stimmt nicht. Wie groß ist denn ein Pilz, dass Schlangen und Würmer darüberkriechen könnten?! Außerdem ist er so schwach und zerbrechlich, dass er sie gar nicht tragen könnte! Es muss wohl Schlangen und Würmer unter der Erde geben, und die Pilze wachsen darüber, so dass der Gifthauch sich gerade in ihnen sammelt, deshalb können sie dem Menschen schaden. Wenn diejenigen, in denen der Gifthauch sich sammelt, dem Menschen schaden können, lässt sich daraus schließen, dass jene, in denen der Hauch von Reinheit und Leere sich sammelt, dem Menschen nützen können. Um sie auseinanderzuhalten, haben ja die Leute Methoden, und wenn kein Gift darin ist, bringt es größten Vorteil, sie zu essen. Unvermischt genossen, schmecken sie gut, aber mit ein wenig Fleisch noch besser. Das liegt wohl daran, dass das reine Aroma der Pilze seine Grenzen hat, der frische Geschmack ihrer Soße aber unerschöpflich ist.

Schleimkraut: Was die Pilze an Land sind, ist das Schleimkraut im Wasser. Beides sind Wunder an Reinheit und Leere. Ich habe versucht, aus beiden eine Suppe zu kochen, in die ich das Gelbe von Krabben und Rippenstücke von Fischen getan habe. Genannt habe ich sie „Suppe von vier Köstlichkeiten". Meine Tischgäste haben sie gegessen und so wohlschmeckend gefunden, dass sie sagten: „Von nun an gibt es keinen anderen Ort, an dem wir noch essen könnten!"

Gemüse: Die Art und Weise, wie die Leute Gemüse zubereiten, kann man höchst sonderbar nennen. Ob es frisch oder konserviert ist, an allem bringen sie die seltsamsten Verfahren in Anwendung, damit es den höchsten Wohlgeschmack erhält, nur das Grundlegendste lassen sie außer Acht, und das wundert mich. Worum geht es? Ein Merkspruch verrät es: „Bei der Ernte ganz frisch, beim Waschen ganz sauber..." Die Notwendigkeit der Frische habe ich zur Genüge erläutert.

Die sauberste Gemüsekost sind Bambussprossen, Pilze, Bohnenkeime. Nichts aber ist schmutziger als selbst angebautes Gemüse. Beim Jauchen begießt man es unfehlbar mitsamt den Wurzeln und Blättern. So, wie man es gießt, wird es geerntet, und so, wie man es erntet, wird es gegessen. Nach der Sauberkeit darf man zumeist nicht fragen. Wenn die Leute Gemüse waschen, stecken sie es nur ins Wasser, lassen es von links und rechts abtropfen, und damit ist die Sache erledigt. Wer weiß schon, dass zwar feuchter Schmutz abgeht, trockener aber nur sehr schwer. Wie könnte der Kot, der sich in Monaten festgesetzt hat, durch ein paarmal Abtropfenlassen ganz beseitigt werden!

Deshalb muss man für das Gemüsewaschen das richtige Verfahren haben und unbedingt die richtigen Leute. Wenn man das Gemüse von faulen oder ungeduldigen Leuten waschen lässt, bleibt es gleichsam ungewaschen. Das Verfahren für das Waschen von Gemüse ist so, dass man es günstigerweise lange im Wasser liegen lässt. Auf die Dauer weicht das Trockene durch und ist leicht zu entfernen. Zum Waschen der Blätter benutzt man eine Bürste. Durch Bürsten kommt man an hohe und tiefe, krumme und gebogene

Stellen heran, nur so kann man alles restlos abwaschen. Auf diese Weise erhält man die reine Grundsubstanz der Gemüse. Ist diese rein, kann man Gewürze hinzugeben und alle Praktiken in Anwendung bringen. Sonst aber ist es durch den Schmutz gewürzt; und könnte wohl der Duft von hunderterlei Zutaten eine Winzigkeit von Gestank besiegen? Ach, es sind so viele Esser in den Häusern der Reichen, doch wie schwer ist zu verhindern, dass sie Schmutz zu essen bekommen!

Gemüsesorten gibt es viele, als hervorragend ist der Kohl zu nennen. Er häuft sich in der Hauptstadt, erzeugt wird er in Ansu, und so nennt man ihn Ansu-Kohl. Dies ist die beste Qualität. Jeder Kopf kann so groß werden, dass er einige Jin wiegt. Wenn man ihn isst, vergisst man darüber den Geschmack von Fleisch. Muss ich unbedingt überlegen, welches Gemüse an nächster Stelle kommt, kann ich nur den Wasserfenchel aus Baixia nennen. Seitdem ich nach Baimen gezogen bin, muss ich an die Hauptstadt denken, sobald ich Kohl esse oder Weintrauben. Und wenn ich Bambussprossen esse, Huhn oder Bohnen, denke ich an Wuling. So wecken wohlschmeckende Dinge jedes Mal die Erinnerung, wenn ich sie esse. Erst recht bezieht sich das auf die Leute, die mir Anstellung und Verpflegung gewährt haben.

Das merkwürdigste Aussehen hat ein Gemüse, das in den Büchern wie dem [*Klassiker der*] *Heilenden Kräuter* oder dem *Verzeichnis der Esswaren* nicht enthalten ist, nämlich das Haargemüse, das im Land Qin vorkommt. Als ich dort zu Gast war, habe ich reihum bei den Befehlshabern der Grenzregion gegessen. Eines Tages, als ich eben abfahren wollte, sah ich, dass etwas auf dem Ofenbett lag, das aussah wie ein Büschel wirrer Haare. Ich nahm an, eine Sklavin habe es beim Frisieren liegengelassen, und wollte es wegwerfen. Aber die Sklavin sagte: „Nicht doch, das haben die Herren Euch geschenkt!" Als ich mich bei Einheimischen erkundigte, erfuhr ich, es sei Haargemüse. Wenn man es mit kochendem Wasser übergießt und Ingwer und Essig zugibt, schmeckt es besser als Lotoswurzelfasergemüse, Hirschgeweihgemüse und dergleichen. Ich nahm das Haargemüse mit nach Hause und bewirtete meine Gäste damit. Es gab niemanden, der nicht darüber verwundert gewesen wäre und nicht erklärt hätte, eine solche Delikatesse habe er noch nicht gesehen. Das Produkt gedeiht in dem Gebiet westlich des Gelben Flusses, und sein Preis ist ganz geringfügig. Alle, die nach Qin kommen, sind bestrebt, ausgefallene Dinge zu kaufen, weil aber das Haargemüse billig ist, wird es übersehen und gelangt nicht in die großen Städte, so dass nur die wenigsten es kennen. Wenn man danach geht, fragt man sich, wie viele schätzbare Dinge es wohl geben mag unter den billigen Produkten aus allen vier Himmelsrichtungen, aber wie könnte man erreichen, dass jedermann danach sucht?! Dass Haargemüse in die Gegend am Unterlauf des Yangzi gelangt, ist ein Glücksfall, wie er in tausend Jahren nur einmal vorkommt.

Kürbis, Aubergine, Flaschenkürbis, Taro, Yamswurzel: Gewächse wie Kürbis, Aubergine, Flaschenkürbis und Taro sind Gemüse, das Früchte bildet. Tatsächlich dienen sie nicht nur als Beigericht, sondern zugleich als Grundnahrungsmittel. Wenn man durch eine Schüssel Gemüse mehrere Ge Getreidenahrung einsparen kann, dann mit diesen Produkten. Was könnte sparsamer sein als etwas, das zwei Zwecken zugleich dient?! Wenn eine arme Familie solches Gemüse kauft, ist das genauso gut, als wenn sie Getreide kauft. Doch um gegessen zu werden, braucht jede Sorte ihre eigene Zubereitung. Wachskürbis und Schwammkürbis dürfen nicht halbgar bleiben, Schlangenhaargurke und Gartenmelone dürfen nicht zu lange kochen. Für Aubergine und Flaschenkürbis nimmt man am besten Sojawürze und Essig, Salz vertragen sie nicht. Taro kann man nicht allein kochen, denn er hat keinen Eigengeschmack und benötigt andere Produkte, um Geschmack zu bekommen. Die Yamswurzel eignet sich sowohl zur alleinigen Zubereitung als auch zur Mischung mit anderen. Außerdem vermag sie ihren Wohlgeschmack zu entfalten, selbst wenn man weder Öl noch Salz, Sojawürze oder Essig verwendet. Somit ist sie ein Universalmaterial für Gemüsegerichte.

Zwiebel, Knoblauch, Porree: Zwiebel, Knoblauch und Porree sind die drei Gemüsesorten mit dem stärksten Geschmack. Ein Gemüse, das den Mund duftig macht, sind Surenbaumtriebe; Gemüse, die Mund und Eingeweide schmutzig machen, sind Zwiebel, Knoblauch und Porree. Von Surenbaumtrieben weiß man genau, dass sie duften, aber nur wenige essen sie; von Zwiebel, Knoblauch und Porree wissen alle, dass sie stinken, aber es mögen sie sehr viele. Woran liegt das? Daran, dass der Geschmack der Surenbaumtriebe wohl duftig ist, aber zart und nicht herzhaft und kräftig wie der Geruch von Zwiebel, Knoblauch und Porree. Kräftiges wird von den Zeitgenossen geschätzt, den Schmutz daran nehmen sie gern in Kauf; Zartes wird von der Welt verschmäht – obwohl es sich durch Duft empfiehlt, wird es nicht akzeptiert. Die Prinzipien von Essen und Trinken lassen mich erkennen, wie schwer es ist, im Guten mit dieser Welt auszukommen. Mein Leben lang habe ich mich der genannten drei Gemüse enthalten, aber auch Surenbaumtriebe habe ich wenig gegessen. Bin ich nun einer, der – wie man so sagt – zwischen Boyi und Hui von Liuxia steht?

Mein Verhalten gegenüber den drei Gemüsen ist unterschiedlich. Knoblauch ist absolut tabu, ich esse ihn nicht. Zwiebeln esse ich nicht, aber ich lasse zu, dass sie zum Würzen verwendet werden. Von Porree verbiete ich das Ende, aber nicht den Beginn, die zarten Triebe stinken nicht nur nicht, sie sind vielmehr rein und duftig, weil ihr kindliches Herz noch unverdorben ist.

Rettich: Roher Rettich als Beikost in feine Streifen geschnitten und mit Essig und anderen Sachen vermischt, ist zu flüssigem Reisbrei bestens geeignet. Ärgerlich ist nur, dass man dadurch aufstoßen muss und beim Aufstoßen ein Schmutzgeruch entsteht. Ich habe dieses Übel bei anderen empfunden und erkannt, dass die anderen mich aus demselben Grund nicht mochten. Deshalb wollte ich mich der Rettiche enthalten. Ich musste jedoch feststellen, dass sie sich von Zwiebel und Knoblauch stark unterscheiden. Roh gegessen, stinken sie, gekocht aber nicht. Das ist wie mit Leuten, die man bei der ersten Begegnung für gewöhnliches Volk hält, die sich aber als edle Männer erweisen. So hat der Rettich seine kleinen Fehler, aber die muss man ihm verzeihen und ihn weiterhin essen, anstatt ihn zu verbieten.

Senf: Gibt es ein Gemüse, welches das Wesen von Ingwer und Zimtrinde aufweist? Ich sage ja, den Senf. Die allerbesten Körner, um Senf daraus zu machen, sind die abgelagerten. Dazu sagt man: Je oller, je doller. Wozu man Senf auch gibt, alles wird dadurch delikat. Wenn man ihn isst, begegnet man gleichsam einem aufrechten Menschen, hört man gleichsam eine ehrliche Meinung. Der Müde wird davon munter, und dem Bedrückten wird davon das Herz weit. Der Senf ist die Frische der Speisen, ich habe ihn zu jeder Mahlzeit unbedingt dabei. Insgeheim vergleiche ich mich deswegen mit Konfuzius, der nicht vom Ingwer ließ.

2. Getreidekost

Dass die Nahrung den Menschen am Leben erhält, ist den fünf Getreidearten zu verdanken. Hätte der Himmel nur sie wachsen lassen und keine anderen Pflanzen und Tiere hervorgebracht, wäre der menschliche Körper mit Sicherheit fetter und langlebiger, als es jetzt der Fall ist, und bestimmt würde es jenen Kummer nicht geben, dass Krankheiten ihn quälen und dass der eine alt wird, während der andere jung sterben muss.

Man sehe sich nur die Vögel an, die Hirse picken, und die Fische, die Wasser trinken. Sie alle leben von einem einzigen Nahrungsmittel; ich habe nie gehört, dass man ihnen außerdem auch Fleisch und Wein, verschiedene Getränke sowie unterschiedliche Speisen gegeben hätte. Aber wenn Vögel und Fische sterben, dann sterben sie durch den Menschen; ich habe nie gehört, dass sie an einer Krankheit gestorben oder mit Ablauf ihrer natürlichen Lebenszeit von selber gestorben wären. Der Weg zur Langlebigkeit liegt also darin, nur ein einziges Nahrungsmittel zu essen. Der Mensch aber lässt sich unglücklicherweise durch Auserlesenheit und Üppigkeit verführen. Doch durch ein jegliches, das er mehr isst, erleidet er zusätzlichen Schaden. Durch jeden Augenblick der Ruhe, den er verpasst, genießt er einen Augenblick wunschloser Beschaulichkeit weniger. Das Entstehen von Krankheiten und die Schnelligkeit des Todes werden durch die Üppigkeit von Essen und Trinken und die Maßlosigkeit der Gelüste bewirkt. Dies ist nicht ein Fehler des Menschen, das hat der Himmel verpatzt.

Als Himmel und Erde zu Anfang alle Wesen erschufen, ahnten sie nicht, dass es so kommen würde. Ursprünglich wollten sie dem Menschen einen Nutzen für Mund und Bauch gewähren. Wer hätte gedacht, dass dieser Nutzen ihm im Gegenteil schaden würde! Wem aber sein Leben lieb ist, der muss – wenn er nicht von einem einzigen Nahrungsmittel zu leben vermag – doch ein wenig in diesem Sinne handeln, indem ein Nahrungsmittel das Bestimmende ist, damit Wein und Fleisch zwar reichlich sind, die Menge des Grundnahrungsmittels aber nicht übertreffen, und wenn sie auch schaden, so doch nicht allzu sehr.

Körnig gekochter Reis, flüssiger Reisbrei: Flüssiger Reisbrei und körnig gekochter Reis sind etwas, dessen man tagtäglich bedarf, die Geheimnisse ihrer Zubereitung sind jedermann bekannt, warum also sollte sich ein Laie unnötiger- weise dazu äußern? Es gibt zwei wesentliche Sätze, über welche die tüchtige Hausfrau Bescheid weiß, ohne sie jedoch formulieren zu können. Darum kann gut und gerne ich sie an ihrer Statt aussprechen, damit die Schwiegermütter sie an ihre Schwiegertöchter weitergeben und die Mütter an ihre Töchter. Etwas in zwei Sätzen zu sagen, anstatt in Hunderten und aber Hunderten, ist so einfach wie nützlich.

Zuerst das Allgemeine! Das Grundübel von körnig gekochtem Reis ist, wenn er innen roh und außen gar ist, entweder zerkocht oder angebrannt, und das Grundübel von flüssigem Reisbrei ist, wenn er oben zu dünn und unten zu dick ist, gleich Kleister oder gleich Salbe. Ursache dafür ist ungleichmäßiges Feuern. Das passiert nur den Dümmsten und Ungeschicktesten. Wer sich ein wenig aufs Kochen versteht, bei dem gibt es das bestimmt nicht. Es kommt aber vor, dass Weichheit und Feuchtigkeit eben recht sind, doch man kaut und kaut, und obwohl das schöne Aussehen von flüssigem Reisbrei oder körnig gekochtem Reis vorhanden ist, fehlt jener vollendete Geschmack von Essen und Trinken. Wo liegt der Fehler? Ich sage: Da hat man beim Wasserschöpfen nicht maßgehalten und zu viel oder zu wenig zugegeben, dadurch hat man die Sache verdorben. Denn die beiden wesentlichen Sätze lauten: „Für flüssigen Reisbrei darf man nicht zu viel Wasser zugeben, beim Reiskochen darf man nicht zu wenig Wasser zugeben." Je nachdem, wieviel Reis man nimmt, muss man auch Wasser nehmen. Dafür hat man am besten ein festes Maß. Das ist, wie wenn der Arzt Medizin bereitet.

Er nimmt ein oder anderthalb Zhong Wasser und lässt es auf sieben oder acht Zehntel einkochen, immer nach Vorschrift. Wenn er nach Belieben mehr oder weniger nimmt, entsteht nicht nur nicht der richtige Geschmack, auch die Wirkung bleibt nicht erhalten, und es ist zwecklos, diese Arznei einzunehmen. Wer vom Kochen nicht viel versteht und planlos mit dem Wasser umgeht, der befürchtet, wenn er flüssigen Reisbrei kocht, es könnte zu wenig Wasser sein, und wenn er körnigen Reis kocht, sorgt er sich, es könnte zu viel Wasser sein. Was zu viel ist, wird mit Macht entfernt; was zu wenig ist, geben sie zu. Dabei ahnen sie nicht, dass im Wasser die flüssige Essenz des Reises enthalten ist. Wenn sie mit Macht das Reiswasser entfernen, entfernen sie nicht das Reiswasser, sondern die flüssige Essenz des Reises. Nachdem die flüssige Essenz entfernt ist, bleiben vom Reis nur die ausgekochten Reste. Können die wohl beim Essen noch Geschmack haben? Ist flüssiger Reisbrei gar, sind Wasser und Reis eine innige Verbindung eingegangen, ganz so, als wenn man aus Reis Wein zubereitet hätte. Wer aus Sorge, der Reisbrei sei zu dick, Wasser hinzugibt, tut dasselbe, als wenn er Wasser nicht in den Reisbrei, sondern in Wein gösse. Wenn Wasser hineinkommt, ist der Wein nur noch Abfall, kann man seinen Geschmack dann noch genießen?

Also wird jemand, der die Küchenarbeit gut besorgt, beim Wasserschöpfen unbedingt maßhalten, damit es keine Kelle zu viel und kein Tropfen zu wenig ist. Wenn er dann noch für gleichmäßige Feuerung sorgt, werden sich sein flüssiger Reisbrei und sein körnig gekochter Reis, auch ohne dass er einen Unterschied anstrebt, von dem unterscheiden, was andere Leute kochen.

Bei der festlichen Bewirtung von Gästen wird manchmal Reis gegessen, er muss dann etwas auserlesener sein als der, den man ständig im Familienkreis isst. Welches Verfahren man dafür anwendet? Ich sage: Man sorgt dafür, dass er duftet, und das ist alles. Ich habe meinen Nebenfrauen beigebracht, einen Becher Blütenwasser bereitzustellen und darüber zu gießen, wenn der Reis eben gar ist. Dann wird er etwas zugedeckt, hernach gemischt und anschließend in die Essschälchen gefüllt. Die Esser sprechen das Verdienst den Reiskörnern zu, sie meinen, es müsse eine besondere Sorte sein, und erkundigen sich danach, ohne zu wissen, dass es ganz gewöhnliches Getreide ist.

Dieses Verfahren habe ich lange geheim gehalten, heute erst teile ich es mit. Wenn man es anwendet, muss man nicht den ganzen Kessel begießen. Auf diese Weise würde sehr viel Blütenwasser verbraucht werden, und das Verfahren würde keine Verbreitung finden. Man begießt nur ein Eckchen mit einem Becher voll, damit es für die edlen Gäste genug ist. Als Blütenwasser sind die drei Sorten Wildrose, Zitrone und Duftblüte die besten. Rosenwasser von Gartenrosen verwende man nicht, weil die Gäste den Rosenduft leicht erkennen und wissen, dass er nicht zu den natürlichen Eigenschaften des Getreides gehört. Der Duft von Wildrosen, Zitronenblüten und Duftblüten ähnelt dem Eigengeruch des Getreides, so dass man ihn schwer herausschmecken kann. Deshalb werden sie benutzt.

Suppe: *Tang* (Suppe) ist eine andere Bezeichnung für *geng* (Suppe). Die Bezeichnung *geng* ist vornehm und steht dem Altertum nahe. Wenn man *tang* statt *geng* sagt, dann deshalb, weil man befürchtet, die Leute könnten die Bezeichnung *geng* für so klassisch vornehm halten, dass sie der Sache übergroße Bedeutung beimessen, als ob sie extra zur Bewirtung von Gästen da wäre. Dabei wissen sie nicht, dass die Suppe (*geng*) als solche mit körnig gekochtem Reis zusammengehört. Wenn es gekochten Reis gibt, muss es auch Suppe geben, ohne Suppe bringt man den Reis nicht herunter. Wo Suppe auf den Tisch kommt, geht es um Sparsamkeit, nicht um Verschwendung.

Bei den Alten gab es beim Weintrinken etwas, um den Wein herunterzubringen, und beim Reisessen etwas, um den Reis herunterzubringen. Nach der Sitte der Zeit hat man aus *xia fan* (den Reis herunterbringen) *xia fan* (Zuspeisen zum Reis) gemacht.

Das ist falsch. Wenn es heißt, dass man früher, „um den Wein herunterzubringen", die Historiker las, kann man dann aus diesem *xia* (herunterbringen) ebenfalls *xia* (Zuspeise) machen? Die Leute sagen, mit dem Wort *xia fan* seien Fleisch- und Fischspeisen gemeint, ich aber sage: Das stimmt nicht. Fleisch und Fisch sind Speisen, die am Reisessen hindern, keine Speisen, mit denen man den Reis herunterbringt. Wenn die Esser beim Reisessen leckere Zuspeisen vor sich erblicken, dann verharren Löffel und Essstäbchen reglos. Was also sind die Zuspeisen anders als Hindernisse beim Reisessen?

Der Reis ist gleichsam ein Boot und die Suppe das Wasser. Wenn das Boot auf einer Sandbank festsitzt, kann man es ohne Wasser nicht flottmachen, und wenn der Reis in der Kehle steckt, bringt man ihn ohne Suppe nicht herunter. Das ist dieselbe Situation. Überdies schätzt man nach den Regeln der Gesunderhaltung solche Speisen, die auflösend wirken. Wenn zu gekochtem Reis Suppe hinzukommt, löst er sich alsbald auf. Dieses Prinzip ist leicht zu durchschauen.

Deshalb kann, wer sich auf die Gesunderhaltung versteht, beim Reisessen auf Suppe nicht verzichten. Und auch wer sich auf die Haushaltsführung versteht, kann beim Reisessen auf Suppe nicht verzichten. Wer Gäste bewirtet und darauf bedacht ist, mit wenigen Gerichten auszukommen, kann auf Suppe nicht verzichten. Und wer Gäste bewirtet und möchte, dass sie erst gehen, wenn sie satt sind, aber auch kein Gericht übriglassen. der kann genauso wenig auf Suppe verzichten. Weshalb? Weil man mit Suppe nicht nur den Reis herunterbringen kann, sondern auch die Zuspeisen. Neuerdings wird in Wu und Yue bei Festessen jedes Gericht mit Suppe begossen. Damit entspricht man der Regel sehr gut. Ich meine, auch beim tagtäglichen Essen im Familienkreis gibt es nichts Besseres. Lieber komme ich ohne Zuspeisen aus, als dass ich gekochten Reis ohne Suppe esse. Wenn man Suppe zum Reis hat, rutscht er auch ohne Beikost wie geschmiert. Wenn man aber keine Suppe zum Reis hat, können reichlich Leckerbissen vor einem stehen, und trotzdem kann man sie manchmal nicht schlucken.

Ich habe als einzelner bettelarmer Gelehrter einen Haushalt von einem halben Hundert Mäulern zu ernähren, und wenn es zwar Zeiten des Mangels gibt, aber keine Tage der Not, so ist das dieser Verfahrensweise zu danken.

Kuchen und Fladen: Kuchen und Fladen sind bei der Getreidekost dasselbe wie Dörrfleisch und Hackfleisch bei der Fleischnahrung. In den *Gesprächen aus Lu* heißt es: „Er (Konfuzius) hatte nichts gegen sehr feinen Reis und kleingehacktes Fleisch." Worauf es bei der Zubereitung von

Kuchen und Fladen ankommt, ist in diesen beiden Sätzen enthalten, und es muss beides zugleich vorhanden sein. Das erlesenste Getreide ist Reis und Weizen, am feinsten zerkleinert sind Stärke- und Weizenmehl. Erst wenn Erlesenheit und Feinheit gleichermaßen hervorragend sind, kann man über gute oder schlechte Zubereitung sprechen. Die Methoden, wie man nach guter Zubereitung strebt, sind in den Veröffentlichungen der Buchwerkstätten genauestens verzeichnet. Wenn ich sie aufgreifen wollte, damit sie als Schablonen für die Zubereitung von Fladen und Kuchen dienen, würden die Leser bestimmt in Gelächter ausbrechen und sagen: „Liweng (Li Yu) plappert nicht nach, was andere reden, aber hier bei Essen und Trinken folgt er wahrhaftig einem fremden Muster." Feng Fu, der vom Wagen stieg, möge mir von Anfang an eine Warnung sein! Ich will es nur in zwei Sätzen zusammenfassen, sie lauten: Kuchen schätzt man, wenn er locker ist; Fladen sind am besten dünn.

Mehlerzeugnisse: Im Süden essen die Leute Reis, im Norden essen sie Mehlspeisen, das ist die Regel. Im [*Klassiker der*] *Heilenden Kräuter* heißt es: „Reis stärkt die Milz, Weizen kräftigt das Herz." So bringt jedes dem Menschen Nutzen. Aber wie kann man immer und ewig nur das eine essen und unverrückbar an ein und derselben Kost festhalten, anstatt an Herz und Milz gleichzeitig zu denken? Ich bin aus dem Süden, habe aber das Aussehen eines Bewohners des Nordens. Dem entsprechen auch die Standhaftigkeit und die Freimütigkeit meines Wesens, ebenso meine Eigenwilligkeit und Anspruchslosigkeit beim Essen. Von den drei Mahlzeiten am Tag bestehen zwei aus Reis und eine aus Mehl, damit halte ich die Mitte zwischen Nord und Süd und sorge sowohl für mein Herz als auch für meine Milz. Aber die Art und Weise, wie ich mich von Mehl ernähre, ist etwas anders als die im Norden übliche und ganz anders als die im Süden gebräuchliche. Die Bewohner des Nordens verbacken den Teig meist zu Fladen, ich aber mag ihn lieber, wenn er fein säuberlich in Streifen geteilt ist, was man im Süden Schnittnudeln nennt. Wenn die Leute im Süden Schnittnudeln essen, tun sie Öl, Salz, Sojawürze, Essig und andere Gewürze in die Nudelbrühe, so dass die Brühe Geschmack hat, nicht die Nudeln. Nicht auf diese kommt es ihnen an, sondern auf die Brühe, das ist so gut, als hätten sie keine Nudeln gegessen. Ich mache es anders, bei mir kommen alle Gewürze in den Nudelteig, dadurch stecken die fünf Geschmacksarten in den Nudeln, die Brühe aber ist nüchtern. Nur das heißt Nudeln essen, nicht Brühe trinken.

Ich mache zwei Arten von Nudeln, die eine heißt Fünf-Düfte-Nudeln, die andere Acht-Kostbarkeiten-Nudeln. Mit den Fünf Düften ernähre ich mich selbst, mit den Acht Kostbarkeiten bewirte ich meine Gäste. Der Unterschied liegt in Sparsamkeit und Üppigkeit. Welches sind die fünf Düfte? Es sind Sojawürze, Essig, gemahlener Blütenpfeffer, geschrotete Sesamkörner sowie Wasser, in dem man Bambussprossen gebrüht oder Pilze oder Garnelen gekocht hat. Zuerst mischt man Blütenpfeffer und Sesamkörner in das Mehl, dann tut man die Sojawürze, den Essig und die Brühe zusammen und rührt mit dieser Flüssigkeit den Teig an, man gibt kein Wasser dazu. Den Teig muss man möglichst gleichmäßig vermischen, möglichst dünn ausrollen und möglichst fein zerschneiden. Dann schüttet man die Nudeln in sprudelnd kochendes Wasser. Auf diese Weise sind alle Essenzen in den Nudeln enthalten, und man kann sie nach Herzenslust genießen, nicht wie beim üblichen Nudelessen, wo man die Nudeln hinunterschluckt und nur die Brühe genießen kann.

Und welches sind die Acht Kostbarkeiten? Das Fleisch von Huhn, Fisch und Garnele, das sorgfältig getrocknet und mit frischen Bambussprossen, Duftpilzen, Sesamkörnern und Blütenpfeffer zusammen ganz fein zermahlen und unter das Mehl gemischt wird. Mit der Brühe, wie oben beschrieben, macht das zusammen acht Kostbarkeiten. Sojawürze und Essig werden gleichfalls benutzt, aber das sind alltägliche Dinge, die man nicht als Kostbarkeiten bezeichnen kann. Von Huhn und Fisch muss man unbedingt das feinste Fleisch nehmen, ist auch nur ein bisschen Fett daran, kann man es nicht verwenden. Denn die Eigenheit von Teig ist es, dass er nicht fest wird, wenn Fett darin ist. Er lässt sich dann nicht ausrollen und in feine Streifen schneiden. Man braucht nur zu bedenken, dass man in den Teig für Gebäck, der locker sein soll und nicht fest, Öl hineingibt, dann wird man die Eigenheit von Teig verstehen. Dass man nicht Fleischbrühe nimmt, sondern Bambus-, Pilz- oder Garnelenbrühe, liegt ebenfalls daran, dass Fett tabu ist. Von den drei Fleischsorten Huhn, Fisch und Garnele hat man es mit Garnelen am allerbequemsten. Was könnte einfacher sein, als getrocknetes Garnelenfleisch zu Pulver zu mahlen! Man halte es reichlich vorrätig, um für unverhofften Bedarf gerüstet zu sein. Aus den Fünf Düften, mit denen ich mich ernähre, kann man ebenso gut sechs machen. Wenn man in die Flüssigkeit, mit der man den Teig anrührt, einen oder zwei Becher Eiweiß gibt, gelingt er noch besser. Dies habe ich nicht vorn aufgeführt, sondern hinten angefügt, weil viele Leute wissen, dass man es auf diese Weise verwenden kann, wodurch die Erwähnung wieder nur einem Plagiat gleichkommt.

Stärkemehl: Es gibt Stärkemehl mit vielerlei Bezeichnungen, ständig vorrätig und zum Verbrauch gut geeignet sind nur die vier Arten Lotoswurzelstärke, Kopoubohnenwurzelstärke, Adlerfarnwurzelstärke und Mungobohnenstärke. Lotoswurzelstärke und Kopoubohnenwurzelstärke braucht man nicht in den Topf zu tun, sie werden schon gar, wenn man sie in kochendes Wasser einrührt. Die Alten sagten: „Es gibt eilige Gäste, keine eiligen Gastgeber." Wer ein eiliger Gastgeber sein möchte, sollte über einen reichlichen Vorrat dieser beiden Stärkemehlarten verfügen. Auch um einen dringenden Hunger zu stillen, gibt es nichts Besseres, und wenn man mit dem Boot oder dem Wagen eine weite Reise unternimmt, ist dies der ideale Proviant.

Unter den Speisen aus Stärkemehl, die Biss haben, stehen die aus Adlerfarnwurzelstärke an erster Stelle und an zweiter die aus Mungobohnenstärke. Wenn man Mungobohnenstärke bissfester haben möchte, muss man etwas Adlerfarnwurzelstärke daruntermischen. Nur was man nicht gleich herunterschlucken kann, nachdem man es im Mund hat, und was beim Kauen nach etwas schmeckt, ohne dass dabei Geräusche entstehen, ist eine wahre Delikatesse. Ich bin alle Speisen und Getränke durchgegangen und habe nur diese beiden gefunden. Eine Suppe aus Mungobohnenstärke und dazu ein Gericht aus Adlerfarnwurzelstärke, um die Suppe herunterzubringen – dazu kann man sagen „zwei schmackhafte Speisen". Für die Zähne ist das wohl, was man „Anstrengung ohne Groll" nennt.

3. Fleischspeisen

„Fleischesser sind verachtenswert", heißt es, aber nicht dafür werden sie verachtet, dass sie Fleisch essen, sondern dafür, dass sie keine guten Strategen sind. Fleischesser sind keine guten Strategen, weil die flüssige Essenz des Fettes bei der Gerinnung verhärtet und die Brusthöhle überzieht, wodurch das Herz gleichsam verstopft wird und keine Öffnungen mehr hat. Das ist keine Vermutung von mir, das lässt sich beweisen. Alle Tiere, die Pflanzen und gemischte Kost fressen, sind listig und haben Verstand. Der Tiger frisst nur Menschen, und kann er keine bekommen, frisst er das Fleisch aller möglichen Tiere. Somit ist er derjenige, der nichts anderes frisst als Fleisch. Das dümmste Tier aber ist der Tiger. Woher ich das weiß? Wenn man in den verschiedensten Büchern nachschlägt, wird es offenbar. „Der Tiger frisst keine kleinen Kinder" – es ist ja nicht so, dass er sie nicht fräße, in ihrer Einfalt haben sie keine Angst vorm Tiger, er aber nimmt an, sie seien mutige Kämpfer, und geht ihnen aus dem Wege. „Der Tiger frisst keine Betrunkenen" – es ist ja nicht so, dass er sie nicht fräße, in ihrer Trunkenheit gebärden sie sich zügellos, der Tiger hält sie für starke

Gegner und meidet sie. „Der Tiger geht keine krummen Wege; wenn der Mensch ihm begegnet und ihn auf einen krummen Weg lockt, kann er ihm entkommen." Nicht deshalb geht der Tiger keine krummen Wege, weil er, wie Tantai Mieming, keine Schleichwege geht, sondern weil er einen geraden Nacken hat und so nicht zurückblicken kann. Wüsste er, dass der Mensch ihm auf dem krummen Weg mit Sicherheit entkommt, würde er ihn zuvor auf dem großen Weg fressen. Im *Tigergarten* heißt es: „Dass der Tiger die Hunde packen kann, verdankt er Zähnen und Krallen. Wenn er Zähne und Krallen verlöre, würde er im Gegenteil den Hunden unterliegen." Demnach kann der Tiger Menschen und Tiere allein dank seiner Macht und seiner Wildheit bezwingen und zu seiner Nahrung machen. Von Macht und Wildheit abgesehen, verfügt er über keinerlei Fähigkeiten. Der Tiger ist also das, was die Welt tollkühn nennt. Ich habe nach dem Grund dafür gesucht, und er liegt darin, dass der Tiger nichts als Fleisch frisst, weshalb ihm das Fett die Brusthöhle verstopft, so dass er keinen Verstand entwickeln kann. Wenn dem so ist, bestätigt sich damit nicht die Aussage „Fleischesser sind verachtenswert, sie sind zu weitreichenden Strategien nicht fähig"? Jetzt gebe ich zwar ein schlechtes Beispiel, indem ich über Fleischspeisen rede, jedoch hoffe ich, dass die Menschen im Reich eher wenig als viel davon essen. Ob nun ohne die Macht und die Wildheit des Tigers seine Dummheit zu fördern oder ob mit der Macht und der Wildheit des Tigers seinen Verstand zu verdüstern, mit beidem ist man nicht auf dem rechten Weg, die Gesundheit zu fördern und sich vor Schaden zu bewahren.

Schwein: Das Gericht, in dem der Name einer Person weiterlebt, ist Dongpo-Fleisch. Wenn man das so unvermittelt zu hören bekommt, hat man den Eindruck, das sei kein Schweinefleisch, sondern das Fleisch von Su Dongpo. Ach, was hat denn Su Dongpo verbrochen, dass man ihn schlachtet, um mit seinem Fleisch jahrhundertelang den Fressern die Bäuche zu füllen? Wahrhaftig, man darf kein berühmter

Mann sein! Und mit den kleinen Künsten, an denen ein berühmter Mann seinen Spaß hatte, muss man vorsichtig sein. Ein paar Jahrhunderte später heißen ein Kuchen, ein Gewebe und noch andere Sachen nach Meigong. Verglichen mit Dongpo-Fleisch, erscheinen die Namen Meigong-Kuchen und Meigong-Stoff wohl besser, das allergrößte Unglück aber ist ein Abortutensil, das vulgäre Leute Meigong-Nachtgeschirr nennen. Ach, was ist denn ein Nachtgeschirr für ein Ding, dass man es mit dem Namen eines edlen und erhabenen Mannes krönen kann! Der Geschmack des Fleisches ist mir nicht unbekannt, doch über das Schwein wage ich kein unnötiges Wort zu verlieren, weil ich befürchte, sonst die Nachfolge von Su Dongpo anzutreten. Und für jenes Abortutensil habe ich eine Neukonstruktion erdacht, aber die bleibt in der Familie, und ich wage nicht, sie den Leuten zu zeigen. Erst recht wage ich nicht, sie im Buch zu beschreiben, weil ich genauso befürchte, sonst die Nachfolge von Meigong anzutreten.

Hammel: Woran man die größte Einbuße hat, das ist Hammelfleisch. Ein Merkspruch besagt: „Wieviel der Hammel bringt, ist schwer zu schätzen. Roh bleibt einem die Hälfte, beim Kochen davon die Hälfte, das macht von hundert Jin nur gute zwanzig, am Schluss ist es zu einem Brocken zusammengeschnurrt." Grob gerechnet erhält man von einem Hammel von einhundert Jin nach dem Schlachten und Zerlegen nur fünfzig Jin Fleisch, und nachdem dieses gargekocht ist, sind es nur noch fünfundzwanzig Jin. Das sind unveränderliche Zahlen. Zwar wissen die Leute, dass rohes Hammelfleisch leicht schrumpft, aber sie wissen nicht, dass gekochtes Hammelfleisch leicht quillt. Hammelfleisch ist so beschaffen, dass es sehr satt macht. Wenn man es gerade isst, fühlt man sich nicht satt, erst nachdem man es gegessen hat, spürt man allmählich, wie satt man ist. Das ist der Beweis, dass es leicht quillt. Wer einen weiten Weg macht oder auswärts etwas zu erledigen hat und aus Eile nicht zum Essen kommen kann, der tut gut daran, Hammelfleisch zu essen. Im Land Qin in den westlichen Grenzregionen des Reiches gedeihen massenhaft Schafe. Dort essen die Einheimischen nur eine Mahlzeit pro Tag. Dass sie dabei keinen Hunger bekommen, ist der Kraft des Hammelfleisches zu danken.

Im [*Klassiker der*] *Heilenden Kräuter* steht, Hammelfleisch sei mit Ginseng und Tragant zu vergleichen. Ginseng und Tragant stärken die Energie, Hammelfleisch stärkt den Körper. Ich sage, was den Menschen stärkt, ist Hammelfleisch, und was dem Menschen schadet, ist ebenfalls Hammelfleisch. Wenn man Hammelfleisch isst, muss man im Bauch noch Platz lassen, damit es quellen kann. Wenn man beim Essen nicht maßhält und sich den Bauch vollschlägt, kommt es nach dem Essen mit Sicherheit dazu, dass der Bauch anschwillt und platzen möchte. Schädigung der Milz und Ruin des Magens rühren insgesamt davon her. Dies muss wissen, wer auf seine Gesunderhaltung bedacht ist.

Rind, Hund: Nach Schwein und Hammel müssten Rind und Hund kommen. Noch hatte ich nicht die Zeit, den Menschen zu raten, auf deren Genuss zu verzichten, weil beide ihre Verdienste haben um diese Welt, da soll ich es fertigbringen festzulegen, wie man sie grausam umbringt? Ich lasse die beiden aus und komme als nächstes zum Hausgeflügel. Das geschieht in dem überlieferten Sinne, „das Rind durch ein Schaf zu ersetzen."

Huhn: Auch das Huhn ist ein Tier mit Verdiensten, aber sein Tod ist nicht tabu, weil es sich etwas weniger verdient macht als Rind und Hund. Wenn es tagt, wird es hell, ob die Hähne es melden oder nicht. Damit ist es anders als mit den Feldern, die ohne Rinder nicht gepflügt, und den Einbrechern, die ohne Hund nicht bemerkt werden. Doch verglichen mit den Gänsen und Enten sind die Hühner wie Fürst Huaiyin, der es für unter seiner Würde hielt, mit Fürst Jiang und mit Guan Ying zu verkehren. Bei der Strafe des Kochens sollte man gleichsam etwas milder verfahren als mit Gänsen und Enten. Eier, zu denen es einen Hahn gibt, esse man nicht. Hühner, die nicht schwerer sind als ein Jin, esse man nicht. Auch wenn sie keine Langlebigkeit erreichen können, sollen sie doch nicht übermäßig jung sterben.

Gans: Gänsefleisch hat weiter keine Vorzüge. Es wird geschätzt, weil es fett und wohlschmeckend ist. Nur fett kann es wohlschmeckend sein, sonst ist es, als ob man Wachs kaute. Die besten Gänse kommen aus Gushi. Ich habe die Einheimischen befragt, und sie sagten: „Das Futter, das sie bekommen, ist dasselbe, was auch der Mensch isst. Wenn sie menschliche Nahrung fressen, wird ihr Fleisch so fett wie das des Menschen." Genauso kommt auch das beste Schweinefleisch aus Jinhua. Die Leute in Wu füttern ihre Schweine mit körnig gekochtem Reis oder mit flüssigem Reisbrei, deshalb wird deren Fleisch auch süß und fett. Also sind die Gänse aus Gushi und die Schweine aus Jinhua nicht an sich wohlschmeckend, wohlschmeckend macht sie das Futter. Muss man extra gesagt bekommen, dass Tiere durch das Futter wohlschmeckend werden können? Als ich es nach meiner Rückkehr zu ergründen trachtete, kam ich zu mancherlei Einsicht. Doch als ich das Verfahren meinen Hausgenossen beibrachte, fütterten sie zwar mit schmackhaften Speisen, aber ich hatte den Eindruck, die Tiere seien mal satt und mal hungrig, was nicht der Regelmäßigkeit entsprach, wie sie in Gushi und Jinhua herrschte, deshalb gab es im Fleisch immer einen kleinen Unterschied. Wahrscheinlich lag es daran, dass letzten Endes als Haustiere für sie gesorgt wurde und doch nicht ganz so wie für Menschen. „Ein Stiefkind bekommt so zu essen, dass es zwar fett wird, aber seine Haut hat nicht den gesunden Glanz." Ist damit wohl diese Erscheinung gemeint?

Jemand, der mir sagte, wie Gänse zu essen sind, erzählte: Vor Zeiten gab es einen Mann, der sich auf die Zubereitung von Gänsefüßen verstand. Wenn die Gänse fett waren und geschlachtet werden sollten, brachte er einen Kessel Öl zum Sieden und steckte die Gänse mit den Füßen hinein. Wenn die Gans vor Schmerz am liebsten sterben wollte, setzte er sie in den Teich und ließ sie dort herumspringen. Anschließend fing er sie erneut ein und ließ sie wieder frei, indem er sie wie zuvor siedete und wässerte. Nachdem er das drei oder vier Mal wiederholt hatte, waren die Gänsefüße süß und lecker und wohl ein Cun stark. Als Speise war das etwas ganz Besonderes.

Ich sagte: Grausam ist diese Schilderung, ich möchte das nicht mehr hören! Die Tiere haben das Pech, vom Menschen gezüchtet zu werden. Sie fressen die Nahrung, die der Mensch ihnen gibt, und sterben, um dem Menschen zu dienen. Es ist genug, dass sie mit dem Leben bezahlen, warum müssen sie vor ihrem Tod noch so eine grausame Folter erleiden'? Die beiden Füße sind zwar wohlschmeckend und zergehen im Munde, der Schmerz aber dauert so hundertmal länger. Mit endlosem Schmerz für ein lebendes Wesen einen kurzen Augenblick der Süße für sich selbst einzutauschen, das wird schon ein hartherziger Mensch nicht tun, wie nun erst jemand, der ein wenig gütiger ist? Wer das tut, für den genau ist die Hölle eingerichtet. Zur Strafe wird er dort nach seinem Tod bestimmt noch schlimmer geröstet.

Ente: Dasjenige Federvieh, das sich am besten darauf versteht, seine Gesundheit zu stärken, ist die männliche Ente. Woher ich das weiß? Ich erkenne es an den Vorlieben des Menschen. Bei allem Federvieh bevorzugt man die weiblichen Tiere, nur bei den Enten die männlichen; von allem Federvieh schätzt man die Jungen, nur bei den Enten die Alten. Deshalb sagen die Fachleute für Lebensverlängerung (*yangsheng jia*): „Ein weich gedämpfter alter Erpel ist in seiner Wirkung Ginseng und Tragant zu vergleichen." Wenn sich die Tiere nicht darauf verstehen, ihre Gesundheit zu stärken, wird ihnen die Lebensenergie bestimmt durch die Weibchen entzogen. Darum bevorzugt man bei allem Federvieh die weiblichen Tiere, weil sich in ihnen die Lebensenergie sammelt. Wenn sich die Tiere nicht darauf verstehen, ihre Gesundheit zu stärken, wachsen sie, sobald sie geschlechtsreif sind, von Tag zu Tag und werden von Tag zu Tag magerer. Darum schätzt man von allem Federvieh die Jungen, weil sie sich noch wenig verausgabt und viel bewahrt haben. Wenn der Erpel je älter desto fetter wird und wenn sich seine Haut und sein Fleisch im Alter nicht verändern, ja wenn sein Genuss von derselben Wirkung ist wie die Einnahme von Ginseng und Tragant, dann brauchte man keine Untersuchungen anzustellen, um zu erkennen, dass der Erpel sich darauf versteht, seine Gesundheit zu stärken. Ich will aber unbedingt eine Untersuchung abwarten, weil ich zuvor noch nichts davon gehört hatte.

Wild, Flugwild: Wildfleisch steht dem Fleisch von Haustieren nach, weil es nicht ganz so fett werden kann, und das Fleisch von Haustieren steht dem Wildfleisch nach, weil es kein Aroma hat. Das Fleisch der Haustiere ist fett, weil diese ihr Futter nicht selber suchen müssen und in Ruhe genießen, was sie fertig vorgesetzt bekommen. Das Wildfleisch hat Aroma, weil diese Tiere in der Wildnis zu Hause sind und sich frei bewegen können. Daran sieht man, dass ein üppiges Leben in Ruhe fett macht, während Berge und Ströme, Blumen und Bäume aromatisch machen. Was fett ist, fällt ausnahmslos dem Schlachtmesser zum Opfer. Was aromatisch ist, wird ebenfalls verschlungen, kann aber manchmal vielleicht entkommen. Wer also beides zugleich nicht will, kann nur auf das Fettwerden verzichten und nach dem Aromatischsein streben.

Flugwild bekommt man je nach der Jahreszeit zu essen, Wild dagegen kann man nur gelegentlich einmal genießen. Flugwild, wie Fasane, Wildgänse, Wildtauben, Zeisige und Wachteln, lebt zwar auf dem freien Feld, aber fast wie zu Hause gehalten, und man kann es sich holen, als ob man es dort in Pflege gegeben hätte. Das einzige Wild, das man fangen kann, sind Hasen; Wasserrehe, Hirsche, Bären und Tiger dagegen erlegt man nur wenige Male im Jahr. Demnach unterteilt sich das Wildbret in solches, das man schwer bekommt, und anderes, das man leicht haben kann. Warum sind die wilden Tiere schwer zu bekommen? Weil sie tief in den Bergen leben und nicht in die von Menschen bewohnten Gegenden kommen. Sie gehen in die Falle, weil der Mensch ihnen nachstellt, nicht weil die Tiere kommen, um den Menschen herauszufordern. Mit dem Flugwild ist es anders. Die Vögel wissen, dass der Mensch sie erlegen möchte, aber sie liefern sich ihm selber aus, weil sie Nahrung suchen. Die Nahrung finden sie, doch sie hat das Unglück im Gefolge. Demnach sterben die Vierfüßer durch den Menschen, die Vögel kommen durch eigene Schuld um. So muss es derjenige betrachten, der Wildbret isst. Die Wildvögel sind zu bedauern, noch mehr aber die Vierfüßer, weil man die Art und Weise versteht, wie sie zu Tode kommen.

Fisch: Die Fische verbergen sich unter Wasser und haben dort ein Reich für sich. Sie meinen, weil sie an die Welt keine Forderungen stellen, seien sie sicher vor den Waffen der Menschen. Dabei ahnen sie nicht, dass Fischnetze wirksamer sind als Pfeil und Bogen oder Jagdnetze. Indem man einfach die Teiche trockenlegt, um zu fischen, verfügt man über ein Verfahren, bei dem selbst ein Riesenfisch, der ein Boot verschlucken kann, nicht entkommt. Die Fische haben genauso nur ein Leben wie Vögel und Vierfüßer, aber mir scheint, wenn sie vom Menschen geschlachtet werden, ist das etwas angemessener als bei den übrigen Tieren. Warum? Weil die Wassertiere kaum aussterben können und sich leicht vermehren. Bei den lebendgebärenden und den eierlegenden Tieren hat ein Muttertier nur ein paar oder höchstens ein paar Dutzend Junge. Die Fischeier sind klein wie Hirsekörner, sie finden zu Tausenden und Zehntausenden in einem Fischbauch Platz. Wenn der Mensch nicht wäre, der eine Auslese trifft, dann würden diese Tausende und aber Tausende geboren werden und sich vermehren, so dass sie zahlreich sein würden wie die Sandkörner am Ganges. Und diese Fische, zahlreich wie die Sandkörner am Ganges, würden sich wieder und wieder vermehren, Hunderte und Tausende Male, bis schließlich jeder Vergleich versagt. Müssten sie dann nicht beinahe Flüsse und Ströme verstopfen und zu Festland machen? Könnten dann noch Schiffe mühelos verkehren? Deshalb fangen die Fischer, wenn sie Fische und Garnelen fangen, nur das, was gefangen werden muss. Wie auch die Holzfäller nur fällen, was nicht ungefällt bleiben kann. Daher wiegt unsere Sünde, wenn wir Fische und Garnelen essen, etwas leichter, als wenn wir andere Tiere essen.

Jetzt will ich einige Regeln aufstellen, die zwar mit einer guten Rechtsprechung nicht zu vergleichen, aber doch etwas besser sind als ein grausamer Beamter. Wenn man Fisch isst, liegt das Hauptaugenmerk darauf, dass er frisch ist, und in zweiter Linie geht es darum, dass er fett ist. Fett zu sein und überdies frisch, das ist es, was ein Fisch bieten kann. Aber obwohl beide Vorzüge zusammengehören, liegt auf einem das Schwergewicht. So überzeugen Stör, Mandarinfisch, Karpfen und Goldkarpfen durch Frische. Ihrer Frische wegen eignen sie sich am besten, um in klarem Wasser gekocht zu werden. Blei, Weißfisch, Hering und Silberkarpfen überzeugen durch Fettheit. Ihres Fettes wegen eignen sie sich am besten, um stark gewürzt in Stücken zubereitet zu werden. Das Geheimnis der Zubereitung liegt in der richtigen Garzeit. Isst man den Fisch zu früh, ist sein Fleisch noch roh und nicht weich. Isst man ihn zu spät, ist sein Fleisch tot und hat keinen Geschmack. Wer einen Gast erwartet, kann vielleicht schon andere Speisen auf den Tisch bringen und warten, Fisch aber muss lebendig gehalten und in dem Moment zubereitet werden, wenn der Gast eintrifft. Fisch schmeckt am besten, wenn er frisch ist, und am allerbesten, wenn er eben aus dem Kessel kommt. Wird er erst gekocht und wartet man dann, verströmt das Beste vom Fisch dort, wo gar niemand ist. Wenn man wartet, bis der Gast da ist, und den Fisch noch einmal heiß macht, ist das, als würde man kalt gewordenen Reis nochmals kochen oder einen Rest Reiswein aufwärmen – die Form ist wohl da, aber nicht die Substanz. Fisch darf man nicht mit zu viel Wasser kochen, es darf den Fisch nur eben bedecken. Mit jedem

Schluck mehr wird der Fischgeschmack fader. Den Köchinnen geht es um die Brühe, deshalb gießen sie wieder und wieder Wasser nach, wodurch der frische Geschmack mehr und mehr abnimmt. Wer seinen Gästen etwas Gutes tun will, kommt nicht umhin, das Küchenpersonal schlecht zu behandeln.

Wenn es um eine weitere gute Methode für die Zubereitung von Fisch geht, bei der Frische und Fettigkeit zur Entfaltung kommen, ohne dass der natürliche Geschmack verlorengeht, und die man langsam ebenso wie schnell anwenden kann, ohne dass man auf die Garzeit zu achten braucht, gibt es nichts Besseres als Dämpfen. Man legt den Fisch in das Dämpfgefäß. gibt ein paar Becher abgelagerten Reiswein und Sojawürze hinein, belegt den Fisch mit Gurke, Ingwer, Pilzen, Bambussprossen und anderem frischen Gemüse und dämpft ihn über heftigem Feuer, bis er vollkommen gar ist. Dieses Gericht passt zu jeder Zeit, morgens ebenso wie abends, oder um Gäste zu bewirten. Weil der frische Geschmack gänzlich im Fisch enthalten ist und weder ein anderer Geschmack eindringen noch ein Geschmack daraus entweichen kann, ist dies wirklich ein ausgezeichnetes Verfahren.

Garnelen: Bambussprossen sind ein Muss für Gemüsekost, Garnelen sind ein Muss für Fisch- und Fleischspeisen. Sie sind, was Süßholz für die Arznei ist. Wer sich auf die Zubereitung von Fisch- und Fleischspeisen versteht, mischt das Wasser, in dem er Garnelen gebrüht hat, in alle Speisen. Dadurch bekommen die Gerichte einen frischen Geschmack, so wie die Brühe, in der man Bambussprossen gekocht hat, gut ist für alle Gemüsegerichte. Bambussprossen können allein für sich auftreten oder mit anderem zusammen, Garnelen dagegen dürfen nicht Alleinherrscher sein, sie brauchen notwendig etwas anderes als Herrn über sich. Eine Schüssel nur mit gargekochten Garnelen wird man nicht bloß bei einem feierlichen Bankett nicht auf den Tisch bringen, die Esser würden das als langweilig empfinden. Lediglich in Schnaps oder in Reiswein eingelegte Garnelen kann man allein servieren. Daran zeigt sich, dass Garnelen etwas sind, das nur durch anderes komplett wird. Sie sind aber auch etwas, was auf keinen Fall fehlen darf. „Ein Land regieren ist wie kleines Meeresgetier kochen", also hat auch das kleine Meeresgetier Nutzen für das Land.

Weichschildkröte: „Mit neuer Hirse macht man Fischrogenbrei, mit zarten Schilftrieben kocht man Schildkrötensuppe." Wenn die Waldbewohner dies schildern, um ihrer Zufriedenheit Ausdruck zu geben, kann man sich denken, wie köstlich der Wohlgeschmack sein muss. Ich mag von Natur aus sämtliche Wassertiere, nur mit Weichschildkröten kann ich mich nicht befreunden. Wenn ich viel davon esse, habe ich das Gefühl, dass mein Mund trocken wird, ohne dass ich Abhilfe schaffen könnte. Einmal hatte ein Nachbar mit dem Netz eine riesige Weichschildkröte gefangen und alle zum Essen eingeladen. Einer nach dem anderen starb daran. Auch wer nur von der Brühe gekostet hatte, lag monatelang krank, ehe er wieder genas. Weil ich Weichschildkröte nicht mag, blieb ich von der Einladung verschont und dadurch vom Tod. Liegen vielleicht Leben und Tod in dem, was ein Mensch mag oder nicht mag?

Die Fälle, in denen ich solches Glück im Leben hatte, lassen sich gar nicht alle aufzählen. Im 32. Jahr des Sechzigerzyklus, als ich in Wulin lebte, brach in einem Nachbarhaus Feuer aus. Auf drei Seiten brannte alles nieder, mein Haus aber blieb unversehrt. Im Sommer des 16. Jahres des Sechzigerzyklus stieß ich im Huzhua-Gebirge auf Räuber. Wer schweres Lösegeld zahlte, kam frei, sonst wurde man sofort umgebracht. Ich hatte keine einzige Münze in der Tasche, deshalb glaubte ich, ich müsse bestimmt sterben, und machte schon den Hals lang, um den Schlag zu empfangen. Aber die Räuber töteten mich nicht. Bei dem Umsturz im 21./22. Jahr des Sechzigerzyklus verbarg ich mich vor der Soldateska in den Bergen, aber manchmal begab ich mich in die Stadt. Mein größtes Glück bestand darin, dass ich eben mein Haus aufgegeben hatte, als das Haus abbrannte, und dass ich eben die Stadt verlassen hatte, als die Stadt fiel. Immer bin ich dem Tod um Haaresbreite entronnen. Ach, durch welche Selbstvervollkommnung wird mir das vom Himmel zuteil? Ich habe nicht die geringste Möglichkeit, dies zu vergelten, ich kann nur nach Kräften Gutes tun.

Krabben (*xie*) [auch: „echte Krabben" oder „Kurzschwanzkrebse"]: Es gibt keine Speise, über deren Wohlgeschmack ich nicht sprechen könnte, keine, bei der ich nicht die Phantasie ausschöpfen und in alle Einzelheiten gehen könnte, nur von den Krabben, die ich mit dem Herzen liebe, mit dem Mund genieße und keinen einzigen Tag im Leben vergessen kann, vermag ich die Gründe, warum ich sie liebe, genieße und nicht vergessen kann, einfach nicht zu erklären. Diese Sache, diese Speise ist für mich etwas, worin ich vernarrt bin, und an sich ist es ein Wunderding zwischen Himmel und Erde. Ich liebe es mein Leben lang. Jedes Jahr, ehe die Krabben da sind, lege ich Geld zurück und warte. Weil sich meine Angehörigen über mich lustig machen, die Krabben seien mein Leben, bezeichne ich diese Münzen als „das Geld, mit dem ich mir das Leben erkaufe". Von dem Tag an, an dem die Krabben erscheinen, bis zu dem Tag, an dem sie verschwinden, lasse ich keinen Abend ungenutzt, lasse ich keine Stunde aus. Meine gleichgesinnten Freunde kennen meine Schwäche, darum laden sie mich in dieser Zeit ein und bewirten mich, deshalb nenne ich den neunten und zehnten Monat den Krabbenherbst. Da die Krabbensaison schnell vorübergeht und sich nicht verlängern lässt, befehle ich meinen Angehörigen, Kübel auszuwaschen und Wein zuzubereiten, um Krabben in Wein und in Schnaps einzulegen. Diesen Wein nenne ich Krabbenwein und den Schnaps Krabben gebräu. Früher hatte ich eine Sklavin, die sich der Krabben besonders eifrig annahm, weshalb ich ihr den Namen Krabbensklavin gab. Heute ist sie schon tot.

Krabben, Krabben! Ihr werdet mich wohl mein ganzes Leben lang begleiten. Ich konnte euch nicht mehr Ehre antun, weil ich nicht Präfekt in einer Gegend war, wo es Krabben gibt, aber keine stellvertretenden Unterpräfekten, so dass ich ein Beamtengehalt für große Gelage hätte ausgeben können, anstatt euch nur für einen schmalen Geldbeutel einzutauschen. Selbst wenn ich hundert Körbe am Tag kaufen könnte, wieviel käme schon in meinen Bauch, nachdem ich meine Gäste bewirtet und mit fünfzig Angehörigen geteilt hätte? Krabben, Krabben! Ich habe wirklich ein schlechtes Gewissen euch gegenüber.

Krabben an sich sind etwas ganz Köstliches, nur wird ihr Geschmack von den Leuten verdorben, die sie essen. Wenn man Suppe daraus macht, ist sie wohl frisch, wo aber ist die köstliche Substanz der Krabben? Wenn man Gehacktes daraus macht, ist es wohl fett, der eigentliche Krabbengeschmack aber bleibt nicht erhalten. Noch widerlicher ist es, wenn die Krabben halbiert und mit Öl, Salz und Bohnenstärke gebraten werden, so dass ihre Farbe, ihr Duft und ihr Geschmack ganz und gar verlorengehen. All das ist so, als ob man es den Krabben übelnähme. dass sie so viel Geschmack haben, als ob man es verabscheute, dass sie so schön sind, und sie deshalb mit allen Mitteln niedermachte, damit sie ihren Duft verlieren und ihr Aussehen einbüßen.

Die guten Dinge dieser Welt treten am besten allein auf. Die Frische, Süße und Fettigkeit der Krabben, ihr jadeartiges Weiß und ihr goldgleiches Gelb sind das Höchste an Farbe, Duft und Geschmack, das von nichts mehr zu übertreffen ist. Wenn man einen anderen Geschmack hinzugibt, ist das so, als wolle man mit Fackeln das Sonnenlicht unterstützen, mit Wassergüssen den Fluss auffüllen. Ist es nicht schwierig, auf diesem Wege einen Nutzen erzielen zu wollen?

Das einzig Richtige beim Krabbenessen ist es, ihren ursprünglichen Körper ganz zu lassen, sie mit Dampf zu garen, in einer großen Porzellanschale auf den Tisch zu bringen und die Gäste selber zugreifen zu lassen. Wer einen

Panzer zerknackt, isst einen Panzer aus, und wer nur eine Schere aufbricht, isst eine Schere. So geht von Geruch und Geschmack nicht das mindeste verloren, und was aus dem Körper der Krabben herauskommt, gelangt sogleich in den Mund und in den Bauch des Menschen. Kann man tiefer in die Geheimnisse des Essens eindringen als so? Bei allen sonstigen Festessen kann man andern die Arbeit überlassen und die Muße genießen, allein bei Krabben, Kürbiskernen und Wassernüssen muss man die Arbeit selber übernehmen. Nur wenn man schält und dabei isst, schmeckt es. Lässt man jemand anders schälen und isst selber bloß, dann schmeckt es nicht nur, als ob man Wachs kaute, es scheinen gar keine Krabben, Kürbiskerne und Wassernüsse zu sein, sondern irgendetwas anderes. Das ist wie mit gutem Weihrauch, den man unbedingt selber anzünden, und gutem Tee, den man unbedingt selber eingießen muss. Auch wenn man über viele Diener verfügt, kann man sich ihrer Kraft nicht bedienen. Das muss jeder wissen, der Wert legt auf die Prinzipien des Essens und Trinkens sowie des kultivierten Zeitvertreibs.

Wer bei einem Festessen seinen Gästen keine ganzen Krabben bieten kann und notgedrungen Suppe daraus macht, darf auch nichts anderes hineintun. Es reicht, wenn er die Brühe von Huhn oder Gans verwendet, nachdem das Fett davon entfernt ist.

Nimmt man in Schnaps eingelegte Krabben aus dem Kübel, darf dabei auf keinen Fall eine Lampe brennen. Wenn Lampenlicht darauf fällt, wird der ganze Kübel matschig. Dieses Tabu kennt jeder. Es gibt eine Methode, damit fertig zu werden, so dass nach Belieben Licht darauf fallen kann. Wenn man die Krabben einlegt, muss man – egal, ob es Tag oder Nacht ist – eine Öllampe anzünden und bei ihrem Schein die Krabben in den Kübel tun, dann sind sie das Lampenlicht gewöhnt und scheuen es nicht, sondern können es aushalten, ohne unter dem Übel zu leiden, dass sie matschig werden, wenn man sie bei Lampenlicht herausnimmt. (Dieses Verfahren wird von einigen in der Hauptstadt angewendet.)

Diverses Wassergetier: Zwanzig Jahre lang bin ich umhergezogen, und meine Fußspuren sind fast im ganzen Reich zu finden. An drei von vier Meeren bin ich gewesen, von den drei Strömen und den fünf Seen habe ich keinen ausgelassen, nur zu allen neun Flüssen konnte ich nicht die Runde machen, weil viele von ihnen weit entfernt sind und nicht in Reichweite von Boot und Wagen liegen. Wenn die Gewässer, an denen ich gewesen bin, zahlreich sind, können auch die Wassertiere, die ich gegessen habe, nicht wenig sein. Darum weiß ich, dass bei der Vielfalt der Lebewesen im Reich keine zahlreicher sind als die Wasserbewohner. Die Namen der Fische, die in den Büchern verzeichnet sind, umfassen nicht mehr als sechs oder sieben von zehn. Häufig haben sie eine merkwürdige Form und ein sonderbares Aussehen, und auch ihr Geschmack ist außergewöhnlich. Die Fischer fangen sie jeden Tag, und die Einheimischen essen sie das ganze Jahr hindurch, aber wenn man sich nach den Namen erkundigt, weiß keiner, was das ist. Von anderem ganz zu schweigen, unter den Wassertieren, die in der Gegend von Wumen und Jingkou vorkommen, gibt es etwas, das einem Fisch ähnelt, aber doch kein Fisch ist und so aussieht wie ein winziger Kugelfisch. Der volkstümliche Name dafür lautet Fleckfisch. Sein Wohlgeschmack gleicht beinahe dem von Milchrahm. Außerdem ist er so weich und glibberig und ohne Gräten, dass es wirklich der höchste Genuss ist. Doch in Büchern wie dem [*Klassiker der*] *Heilenden Kräuter* und dem *Verzeichnis der Esswaren* ist er nicht enthalten. Wenn das schon bei der näheren Umgebung so ist, wie mag es dann erst bei einer abgelegenen und menschenleeren Gegend sein?

Die wohlschmeckendsten Meeresprodukte, die von den Menschen geliebt werden, ohne dass sie sie zu essen bekommen, sind die „Zunge der Xishi" und die „Flussjadesäulen aus Min". Die „Zunge der Xishi" habe ich gegessen, nur die „Flussjadesäulen" konnte ich kein einziges Mal probieren, was ein bedauernswerter Umstand an meiner Reise nach Min ist. Der Name „Zunge der Xishi" beschreibt die Form. Sie ist weiß und rein, glatt und glitschig, und wenn man sie in den Mund nimmt und lutscht, ist sie wie die Zunge einer schönen Frau. Nur fehlen die roten Lippen und die weißen Zähne, um sie zu halten, so dass sie nicht im Mund bleibt und sofort herunterrutscht. Das ist es, was man Beschreibung der Form nennt. In Bezug auf den frischen Geschmack gibt es unter den Meeresprodukten viele, die sie übertreffen, und sie ist nichts so Besonderes. Die Leute, die es danach gelüstet, begehren nur die Zunge einer Schönen, um daran zu saugen, sie machen es wie jemand, der vorm Fleischerladen steht und genüsslich mit leerem Mund kaut.

Nicht so berühmt, aber außerordentlich schmackhaft ist frischer *Le*-Hering aus dem nördlichen Meer. Sein Geschmack kommt dem *Shi*-Hering gleich. Am Bauch hat er Rippenstücke, die von unvergleichlichem Wohlgeschmack sind. Die Leute nennen die Bauchteile des Störs „Brüste der Xishi", aber wenn man sie mit diesen Rippenstücken vergleicht, so ist das vermutlich ein Unterschied wie zwischen der schönen Xishi und ihrer hässlichen Nachahmerin Dongshi.

In der Gegend am Unterlauf des Yangzi wird der Kugelfisch außerordentlich geschätzt. Ich habe ihn gegessen, und er hat mir geschmeckt. Doch als ich nach seiner Zubereitung fragte, ergab sich, dass man sehr viele Gewürze dafür braucht, alles in allem mehr als zehn, von denen auch keines fehlen darf. Fehlt eins, dann riecht er fischig und schmeckt fad. Demnach ist der Kugelfisch nichts Besonderes, er wird es nur mit Hilfe zahlreicher Köstlichkeiten.

Wollte man andere Dinge mit so vielen Gewürzen versehen, würde dann ein einziges nicht seine Stärken offenbaren? Warum also muss man zu etwas greifen, was den Menschen umbringt, um etwas Ungewöhnliches zu demonstrieren? Man kann den Kugelfisch essen, aber man kann es auch bleibenlassen. Was die Anchovis aus der Gegend am Unterlauf des Yangzi betrifft, so sind sie eine Köstlichkeit unter den Speisen des Frühlings. Hering und Stör werden einem über, Anchovis aber schmecken immer besser. Selbst wenn man schon satt ist, kann man nicht die Finger davon lassen.

Vom Teetrinken und Weintrinken ohne Berücksichtigung des Obstes: Obst ist der Widersacher von Wein, Tee ist sein Gegner. Wer Wein trinkt, mag bestimmt keinen Tee und kein Obst, das ist eine feste Regel. Wenn an meinem Tisch ein neuer Gast Platz nimmt, mit dem ich noch nicht zusammen getrunken habe, so dass ich nicht weiß, ob er viel oder wenig verträgt, stelle ich ihn nur mit Obst, Gebäck und Süßigkeiten auf die Probe. Wenn er davon nimmt und sofort isst, wobei er gleichsam in die Luft springen möchte, ist er ein Teetrinker und kein Weintrinker. Wenn er davon nimmt, aber nicht isst, oder isst und nach wenigen Stücken seinen Überdruss zu erkennen gibt, so ist er bestimmt ein Weintrinker von gewaltigem Trinkvermögen, dem der Wein das Leben bedeutet. Wenn man seine edlen Gäste auf diese Weise prüft, wird es in hundert Fällen kein einziges Versehen geben.

Ich bin ein Teetrinker und kein Weinliebhaber, meine Veranlagung gleicht der eines Affen, dem Früchte die Nahrung ersetzen, das ist im ganzen Reich bekannt. Wenn man mich nach dem Geschmack von Wein fragt, habe ich keine Ahnung, aber wenn man mit mir vom Obstessen und Teetrinken spricht, kenne ich mich bestens aus und bin in meinem Element. Wenn ich hier vom Essen und Trinken spreche, müsste ich auch diese beiden Punkte abhandeln, warum also fehlen sie? Darauf sage ich: Ich fürchte, zu allgemein zu bleiben. Was man von Natur aus mag, darüber lässt man sich des Langen und Breiten aus und findet kein Ende. Wenn man auf einigen wenigen Seiten nur die groben Umrisse darstellt, ist zu befürchten, dass der Schreibpinsel einhalten möchte, aber das Herz dies nicht zulässt, und unversehens schweift man ab und findet kein Ende. Außerdem kann man sich in Bezug auf Obst wohl kurz fassen, aber nicht in Bezug auf Tee. Die Kriegsregeln für den Teekampf sind reichhaltiger als die alten Strategiehandbücher *Drei Kriegslisten* und *Sechs Strategische Lehren*, und wie könnte man in den dreizehn Kapiteln des *Meister Sun* alle seine göttlichen Geheimnisse erschöpfen? Man müsste ein spezielles Kapitel zusammenstellen, das den Namen „Aufzeichnungen über Tee und Früchte" trägt und das einzeln erscheinen kann oder dieser Sammlung angefügt wird. Wenn ich in Sachen Wein mit Macht etwas sagen wollte, nachdem ich mich selbst zur Ahnungslosigkeit bekannt habe, soll ich dann etwas unterschieben, was andere gesagt haben? Soll ich mit Gewalt Unwissenheit als Wissen aus- geben, um die Menschen im Reich zu betrügen? Wollte ich fremde Worte unterschieben, würde ich doch gegen das Verbot des Plagiierens verstoßen. Wollte ich die Leute betrügen, dann ließen sich wohl die Teetrinker betrügen, aber nicht die Weintrinker. Und wenn jemand meine Unzulänglichkeiten aufgreifen würde, um gegen mich zu Felde zu ziehen und mich zu bestrafen, könnte ich ihn dann nach den Regeln des Teekampfes bekriegen? Darum ist es das Beste, ich halte den Mund davon.

Gaukelkünste

Als wir morgens an dem Schmucktor mit der Inschrift „Der Glanz strahlt in allen vier Richtungen über die Grenzen hinaus" vorbeikamen, war es von zehntausend Menschen umringt, und ihr Gelächter ließ den Boden erzittern. Plötzlich sah ich jemanden, der mit aller Gewalt über die Straße drängte. Er beschirmte sich mit einem Fächer und ging schnellen Schrittes vorüber. Ein Diener folgte ihm und rief ihm bald darauf nach: „Es ist etwas Merkwürdiges zu sehen!" Von weitem fragte ich: „Was heißt das?" „Jemand hat im Himmel Pfirsiche gestohlen und ist dabei von einem

Wächter geschlagen worden, so dass er heruntergefallen und am Boden zerschellt ist", gab der Diener Auskunft. Ich schrie vor Schreck auf und ging weg, ohne es mir anzusehen.

Als ich am nächsten Tag wieder dorthin kam, erwies es sich, dass wohl aus dem ganzen Reich alle, die seltsame Kunststücke beherrschen, anlässlich des Kaisergeburtstags in der Erwartung nach Rehe (Jehol) gekommen waren, vor den Thron gerufen zu werden, und jeden Tag führten sie an dem Schmucktor hunderterlei Darbietungen vor. Jetzt erst verstand ich, dass jener Diener am Tag zuvor eine von solchen Gaukeleien gesehen hatte.

Wahrscheinlich gibt es schon seit dem grauen Altertum Leute, die sich darauf verstanden, kleine Dämonen zu befehligen und die Leute zu blenden, was man Gaukelei nennt. In der Xia-Zeit zähmte Liu Lei Drachen, um sich bei [Kaiser] Kong Jia beliebt zu machen. Zur Zeit des Zhou-Königs Mu gab es den Meister Yan. Mo Di war ein edler Mensch, und er verstand sich darauf, mit einem hölzernen Milan zu fliegen. In späterer Zeit bedienten sich Leute vom Schlage eines Zuo Ci oder Fei Changfang solcher Künste, um vor den Leuten Allotria zu treiben. Wenn die wunderlichen Schwarzkünstler in Yan und Qi von Geistern und Unsterblichen sprachen, um die Herrscher für dumm zu verkaufen, war das alles nur Täuschung. Die Kunst, in die Zukunft zu blicken, kam wohl damals aus den westlichen Regionen. Verstanden sich Kumārajīva, Buddhacinga und Bodhidharma vielleicht deshalb so gut auf Gaukeleien?

Jemand sagte: „Wer mit diesen Künsten Geld verdient, um davon zu leben, stellt sich außerhalb der Gesetze. Warum rottet man diese Leute nicht aus?" Ich erwiderte ihm: „Daran erkennt man Chinas Größe. Man kann nachsichtig mit ihnen zusammen leben, deshalb sind sie kein Hindernis bei der Einhaltung des rechten Weges. Wenn der Himmelssohn unüberlegt nach dem Gesetz mit ihnen verführe und sie streng verfolgte, würden sie sich an entlegenen Orten verstecken, wo man sie schwer zu Gesicht bekäme, und immer wieder hervorkommen, um Blendwerk zu treiben. So würden sie ein großes Übel für das Reich darstellen. Lässt man die Leute ihnen Tag für Tag zusehen, merken selbst Frauen und Kinder, dass es nur Gaukeleien sind, vor denen man nicht zu erschrecken braucht. Hieran zeigt sich die Kunst des Herrschers, das Reich zu regieren."

Ich notierte dann zwanzig Gaukeleien, die zu sehen waren, um sie denjenigen meiner Landsleute anschaulich zu machen, die solche Darbietungen noch nicht zu Gesicht bekommen haben.

Der Gaukler wäscht sich die Hände und wischt sie an einem Tuch ab. Er blickt mit ernstem Gesicht nach allen Seiten, schlägt mehrmals die Hände zusammen und zeigt sie der Menge. Dann legt er Daumen und Zeigefinger der linken Hand zusammen und reibt sie aneinander, als ob er eine Pille dreht oder aber einen Floh oder eine Laus zerquetscht. Plötzlich entsteht ein winziges Etwas, nicht größer als ein Hirsekorn. Er reibt weiter, und es wird allmählich größer, erst wie eine Erbse, dann wie eine Kirsche, wie eine Betelnuss, wie ein Hühnerei. Nun dreht er es rasch zwischen beiden Handflächen, es wächst immer weiter, ist gelblichweiß und so groß wie ein Gänseei. Nachdem diese Größe überschritten ist, wächst es nicht mehr nur langsam, sondern ist im Nu so groß wie eine Wassermelone. Der Gaukler lässt sich auf beide Knie nieder und reckt langsam die Brust in die Höhe. Er dreht das Ding immer schneller, indem er es mit den Armen umfasst wie eine Hüfttrommel. Als ihm die Arme lahm werden, hört er auf und legt das Ding auf den Tisch. Es ist kugelrund, von reingelber Farbe und so groß wie ein bauchiger Vorratsbehälter, der fünf Dou fasst. Es ist so schwer, dass er es nicht hochheben kann, und so hart, dass er es nicht zerbrechen kann. Es ist nicht Stein und nicht Eisen, nicht Holz und nicht Leder und auch keine Lehmkugel; es ist nicht zu benennen. Es stinkt nicht und duftet nicht, es ist ein gesichtsloses Geisterwesen Dijiang. Langsam steht der Gaukler auf, klatscht in die Hände und blickt um sich. Dann legt er wieder die Hände auf das Ding, knetet es weich und reibt es warm. Es ist nachgiebig und geschmeidig und so leicht wie eine Wasserblase. Es wird immer kleiner, liegt im nächsten Augenblick wieder zwischen den Handflächen des Gauklers, dann dreht er es wieder als Kugel zwischen den Fingern, und dann ist es verschwunden.

Der Gaukler lässt von jemandem mehrere Rollen Papier zerreißen. Er füllt einen großen Eimer mit Wasser und tut das Papier hinein. Dann rührt er mit den Händen darin, als wüsche er Wäsche. Das Papier löst sich auf wie Erde, die ins Wasser kommt. Er winkt die Leute heran, damit sie in den Eimer schauen. Der Papierbrei sieht schlammig-trüb aus. Man kann sagen, es entsetzt einen. Daraufhin klatscht der Gaukler in die Hände und lacht auf. Er krempelt sich beide Ärmel hoch, fischt im Eimer nach dem Papier und zieht es mit beiden Händen heraus, so wie man den Seidenfaden vom Kokon abzieht. Das Papier hängt wieder zusammen wie vor dem Zerreißen, und es gibt keine Spur davon, dass es aneinandergefügt worden wäre. Wer hat es geklebt? Es ist so breit wie ein Gürtel und an die hundert Zhang lang, es ringelt sich auf der Erde und wird vom Wind bewegt und verdreht. Ein erneuter Blick in den Eimer zeigt, dass das Wasser klar und ohne Rückstände ist wie frisch geschöpft.

Der Gaukler stellt sich mit dem Rücken an einen Pfahl und lässt sich die Hände dahinter an den Daumen zusammenbinden. Der Pfahl ist zwischen seinen Armen. Die Daumen laufen blauschwarz an, der Schmerz ist unerträglich. Die Menge steht im Kreis herum und schaut, jeder ist bekümmert. Dann steht der Gaukler vom Pfahl entfernt und hält die Hände vor der Brust. Die Schnur ist darum wie zuvor, sie ist nicht gelöst. Die Daumen sind von der Blutstauung geschwollen und noch schwärzer, der rasende Schmerz ist nicht auszuhalten. Jetzt binden die Leute die Schnur auf, das Blut kommt langsam wieder in Fluss, die Spuren der Schnur sind noch immer gerötet. Einer unserer Postknechte sieht aufmerksam hin und wird wütend, die

Empörung ist ihm ins Gesicht geschrieben. Er klopft auf seine Tasche, holt Geld heraus und ruft dem Gaukler laut zu, er wolle im Voraus bezahlen und sich die Sache genauer ansehen. Der Gaukler beteuert seine Unschuld: „Ich bin nicht dumm wie du. Wenn du mir nicht glaubst, dann fessele du mich!" Der Postknecht wirft die Schnur wütend beiseite, macht seine Peitschenschnur los und nimmt sie in den Mund, um sie geschmeidiger zu machen. Dann packt er den Gaukler, stellt ihn mit dem Rücken an den Pfahl und bindet ihm dahinter die Hände zusammen, noch fester als vorhin. Der Gaukler erhebt ein Jammergeschrei, der Schmerz schneidet ihm in die Knochen, und große Tränen laufen ihm über die Wangen. Der Postknecht lacht schallend, die Zuschauermenge wächst weiter. Und ohne dass die Schnur zuvor gelöst wurde, entfernt sich der Gaukler von dem Pfahl und lässt sich die Fessel nicht abnehmen, um so seine wunderbaren Fähigkeiten unter Beweis zu stellen. Auf diese Weise geht es dreimal hintereinander, und man kann nur ratlos zuschauen.

Der Gaukler legt zwei Kristallkugeln auf den Tisch, die etwas kleiner sind als Hühnereier. Dann nimmt er eine davon in die Hand, sperrt den Mund auf und steckt die Kugel hinein. Die Kugel ist zu groß für die enge Kehle, er kann sie nicht hinunterschlucken, spuckt sie aus und legt sie auf den Tisch zurück. Jetzt nimmt er zwei Hühnereier aus dem Korb, reißt die Augen auf, reckt den Hals, und dann verschluckt er ein Ei, so wie das Huhn einen Wurm verschluckt oder die Schlange eine Kröte. Das Ei bleibt im Hals stecken, es sieht aus, als habe er einen Kropf. Er verschluckt auch das zweite Ei, und prompt verstopft es die Kehle. Er röchelt und schnappt nach Luft, der Hals rötet sich, und die Adern treten hervor. Der Gaukler ist tief zerknirscht, als wolle er nicht mehr leben. Dann stochert er mit einem Essstäbchen aus Bambus in der Kehle, das Essstäbchen zerbricht und fällt zu Boden, er ist ratlos. Er reißt den Mund auf und zeigt den Leuten, dass im Schlund etwas Weißes schimmert. Er klopft sich auf die Brust und schlägt sich auf den Hals, aber die Verschließung bleibt, und der Atem stockt. Er hat seine Fähigkeiten überschätzt und muss dafür sterben. Jetzt lauscht er, das Ohr scheint ihm zu jucken. Er legt den Kopf schief und fängt an, sich zu kratzen, dann scheint er zu stutzen und steckt sich die Spitze seines kleinen Fingers in das Ohr. Er holt etwas Weißes daraus hervor, es ist tatsächlich ein Ei. Er nimmt es in die rechte Hand und zeigt es herum, lässt es im linken Auge verschwinden und holt es aus dem rechten Ohr wieder hervor, lässt es im rechten Auge verschwinden und holt es aus dem linken Ohr wieder hervor, lässt es in einem Nasenloch verschwinden und holt es aus dem Hinterkopf wieder hervor. Dabei steckt das andere Ei, das seinen Hals ausbeult, anscheinend immer noch in seiner Kehle.

Der Gaukler malt mit Kreide einen großen Kreis auf die Erde, und die Menge setzt sich ringsherum. Derweil nimmt der Gaukler die Mütze ab und öffnet das Gewand. Mit Sand poliert er ein Schwert, bis es glänzt, und sticht es in den Boden. Noch einmal stochert er mit einem Essstäbchen aus Bambus an seinem Hals herum, um das Ei zu zerstoßen, und erbricht sich, die Hände auf den Boden gestützt, aber das Ei bringt er nicht heraus. Daraufhin zieht er das Schwert heraus, wirbelt es hin und her, her und hin, schleudert es in die Luft und fängt es mit den Handflächen auf, schleudert es noch einmal hoch hinauf, reißt den Mund auf und wendet ihn dem Himmel zu, das Schwert fällt mit der Spitze nach unten herab und dringt in den Mund ein. Die Leute werden blass und springen auf, durch den plötzlichen Schreck bringen sie kein einziges Wort heraus. Der Gaukler hält den Kopf im Nacken, lässt die Arme hängen und steht lange aufrecht da. Dabei blickt er starr in den blauen Himmel. Nach einer kleinen Weile verschluckt er das Schwert, als tränke er aus einer kopfstehenden Flasche, Hals und Bauch sind in einer Linie wie bei einer Kröte, wenn sie wütend ist. Das Stichblatt bleibt an den Zähnen hängen, nur der

Schwertgriff ragt noch heraus. Der Gaukler lässt sich auf alle viere nieder und hämmert mit dem Griff auf die Erde. Stichblatt und Zähne stoßen klappernd gegeneinander. Anschließend steht er wieder auf und schlägt mit der Faust auf das Griffende, dann hält er sich mit einer Hand den Bauch, während die andere mit dem Schwert wild darin herumfährt. Das Schwert bewegt sich in seinem Leib wie ein malender Pinsel auf dem Papier. Die Menge ist entsetzt und kann es nicht ruhig mit ansehen, kleine Kinder fangen vor Schreck an zu heulen, laufen weg oder werfen sich auf die Erde. Inzwischen klatscht der Gaukler in die Hände, blickt sich nach allen Seiten um und stellt sich gerade hin. Anschließend zieht er das Schwert langsam heraus und hält es mit beiden Händen allen nacheinander hin, wobei er vortritt und es salutierend anhebt. Auf der Schwertspitze dampfen Blutstropfen.

Der Gaukler schneidet Papier zurecht, dass es aussieht wie Schmetterlingsflügel, es sind einige Dutzend. Er reibt sie zwischen den Handflächen, dann lässt er ein kleines Kind aus der Menge die Augen zu- und den Mund aufmachen und legt ihm die Hand vor den Mund. Das Kind stampft mit dem Fuß und schreit. Der Gaukler nimmt die Hand weg, das Kind weint und spuckt, grüne Frösche springen aus seinem Mund, es sind mehrere Dutzend, und sie hüpfen über den Boden.

Der Gaukler wischt die Tischplatte sauber, schüttelt eine rote Filzdecke aus und breitet sie über den Tisch. Er schaut sich nach allen Seiten um, klatscht in die Hände und zeigt der Menge die Handflächen. Langsamen Schrittes tritt er an den Tisch und presst mit einer Hand die Filzdecke in der Mitte fest an. Mit der anderen Hand hebt er einen Zipfel davon an, und ein roter Vogel fliegt tschilpend nach Süden davon. Der Gaukler hebt die Filzdecke an der Ostseite an, und ein grüner Vogel fliegt nach Osten davon. Der Gaukler steckt die Hand unter die Filzdecke und greift einen Vogel. Er ist weiß mit rotem Schnabel, zappelt mit beiden Füßen in der Luft und verkrallt sich in den Bart des Gauklers. Der Gaukler greift nach seinem Bart, da pickt ihm der Vogel ins linke Auge. Der Gaukler lässt den Vogel los und reibt sich das Auge, der Vogel fliegt nach Westen davon. Der Gaukler seufzt ärgerlich und holt einen schwarzen Vogel unter der Filzdecke hervor. Er will ihn jemandem geben und lässt ihn dabei aus Versehen los. Der Vogel fällt auf die Erde und kugelt unter den Tisch. Die Kinder greifen um die Wette danach, er entschlüpft ihnen und fliegt nach Norden davon. Ärgerlich zieht der Gaukler die Filzdecke weg, und unzählige Mainas fliegen gleichzeitig auf, kreisen flügelschlagend in der Luft und sammeln sich dann auf einem Dachvorsprung.

Der Gaukler hält eine kleine Zinnflasche in der linken Hand. Mit der rechten schöpft er eine Schale voll Wasser und füllt es in die Flasche, bis sie überläuft. Nun stellt er die Schale auf den Tisch, nimmt ein Essstäbchen aus Bambus und klopft damit gegen den Flaschenboden. Das Wasser läuft am Flaschenboden heraus, lange Zeit tropft es, dann strömt es wie Regenwasser von einem Dachvorsprung. Der Gaukler bläst von unten gegen den Flaschenboden, da hört das Wasser zu laufen auf. Der Gaukler legt den Kopf schief, blickt in die Luft und murmelt eine Beschwörung. Wasser schießt mehrere Chi weit aus der Flaschenöffnung und bildet eine Pfütze auf dem Boden. Der Gaukler ruft etwas und schließt die Hand um den Wasserstrahl. Der Wasserstrahl ist unterbrochen und sinkt in die Flasche zurück. Der Gaukler greift wieder nach der Schale und gießt das Wasser aus der Flasche in die Schale zurück. Es ist so viel wie zuvor, aber die Pfütze auf dem Boden ist so groß, als hätte man mehrere Wasserkübel ausgeleert.

Der Gaukler holt zwei goldene Ringe hervor, legt sie auf den Tisch und fordert die Menge auf, sich die Ringe anzusehen. Ihr Umfang ist vielleicht doppelt so groß wie der Kreis, der gebildet wird, indem man Daumen und Zeigefinger beider Hände mit den Spitzen aneinanderlegt. Sie haben nirgends einen Anfang oder ein Ende und sind kreisrund, wie vom Himmel erschaffen. Nun streckt der Gaukler beide Arme nach den Seiten aus, in jeder Hand hält er einen der Ringe. Er dreht sie hin und her, lässt sie tanzen, wirft sie kreisend in die Luft und fängt mit einem Ring den anderen auf, da sind sie miteinander verbunden. Er hält diese miteinander verbundenen Ringe in der Hand und zeigt sie herum. Da ist kein Riss und kein Spalt, und niemand hat gesehen, wann sie miteinander verbunden worden sind. Dann streckt der Gaukler wieder die Arme nach den Seiten aus und hält in jeder Hand einen Ring. Die Ringe trennen und verbinden sich, sind mal zusammen und mal einzeln, mal einzeln und mal zusammen.

Der Gaukler legt einen bestickten Teppich über den Tisch, hebt einen Zipfel davon hoch und holt einen faustgroßen violetten Stein darunter hervor, den er mit der Messerspitze anritzt. Er hält einen Becher darunter, und ein dünner Strahl Schnaps rinnt aus dem Stein, bis der Becher voll ist. Die Menge holt um die Wette Münzen hervor und kauft, um zu trinken. Möchte jemand den Herrn Shi Kuai trinken, dann läuft der Herr Shi Kuai aus dem Stein. Möchte jemand Tau von der Buddhahand trinken, dann läuft Tau von der Buddhahand aus dem Stein. Möchte jemand den Roten des Prüfungsbesten trinken, dann läuft der Rote des Prüfungsbesten aus dem Stein. [Herr Shi Kuai, Tau von der Buddhahand und Roter des Prüfungsbesten sind die Namen von Schnapssorten.] Er ist nicht auf eines festgelegt und gibt, was man verlangt. Ein kühler Duft senkt sich in den Magen und rötet die Wangen. Als nacheinander mehrere Dutzend Becher gefüllt worden sind, ist der Stein plötzlich verschwunden. Der Gaukler ist weder erschrocken noch beunruhigt, er weist auf eine weiße Wolke in der Ferne und sagt: „Der Stein ist in den Himmel zurückgekehrt."

Der Gaukler schiebt eine Hand unter die Filzdecke und holt drei Äpfel darunter hervor. Einen mit Zweig und Blättern daran bietet er einem unserer Leute zum Kauf an, aber der wendet sich ab und sagt: „Ich habe gehört, du legst die

Leute immer mit Pferdeäpfeln herein." Der Gaukler lacht nur, ohne sich zu rechtfertigen. Daraufhin drängt sich die Menge, kauft und isst. Jetzt erst möchte auch unser Mann kaufen. Zunächst sträubt sich der Gaukler, dann holt er doch einen Apfel hervor, den er ihm gibt. Kaum hat unser Mann hineingebissen, spuckt er, weil er den Mund voll Pferdedreck hat, und der ganze Markt lacht.

Der Gaukler steckt sich eine Handvoll Nadeln in den Mund und schluckt sie herunter. Es juckt nicht und tut nicht weh, er spricht und lacht wie gewöhnlich, isst Reis und trinkt Tee. Er steht langsam auf und reibt sich den Bauch, dann schiebt er sich einen roten Faden ins Ohr. Lange steht er still da, hustet und niest ein paarmal, schneuzt die Nase mit den Fingern und wischt sie mit einem Tuch ab. Er fasst sich mit zwei Fingern in ein Nasenloch, als ob er sich die Nasenhaare ausreißen wollte, und bald ist in dem Nasenloch ein Stückchen roter Faden zu sehen. Mit den Fingernägeln fasst der Gaukler ein Ende davon wie mit einer Pinzette und zieht den Faden ein Chi weit heraus. Plötzlich rutscht eine Nadel aus dem Nasenloch, die schwankend auf dem Faden hängt. Er zieht ihn weiter heraus, und es hängen Hunderte Nadeln darauf, auf manchen davon steckt ein Reiskorn.

Der Gaukler holt eine weiße Schale hervor und zeigt sie mit der Öffnung nach unten der Menge. Dann stellt er sie auf den Boden, es ist nichts darin. Der Gaukler sieht sich nach allen Seiten um, klatscht in die Hände und zeigt der Menge seine Handflächen. Er nimmt einen Teller und deckt die Schale damit zu, singt etwas in alle vier Himmelsrichtungen, und als er dann nach langer Zeit die Schale aufmacht und herumzeigt, liegen fünf Silberplättchen darin, die aussehen wie die Blätter der Seekanne. Der Gaukler sieht sich nach allen Seiten um, klatscht in die Hände, zeigt der Menge seine Handflächen und deckt die Schale mit dem Teller zu wie zuvor. Er legt den Kopf schräg nach hinten und stößt einen Ruf aus, der wie ein Fluch klingt. Als er dann nach langer Zeit die Schale aufmacht und herumzeigt, haben sich die Silberplättchen in Bronzemünzen verwandelt. Es sind ebenfalls fünf an der Zahl.

Der Gaukler stellt einen Teller mit Ginkgonüssen auf den Boden, deckt eine Schüssel darüber und spricht eine Beschwörung in die Luft. Als er den Teller nach langer Zeit aufdeckt und herumzeigt, sind die Ginkgonüsse verschwunden, und es liegen Weißdornfrüchte darauf. Er deckt wieder die Schüssel darüber, spricht eine Beschwörung in die Luft, und als er den Teller nach langer Zeit aufdeckt und herumzeigt, sind die Weißdornfrüchte verschwunden, und es liegen Kardamomen darauf. Er deckt wieder die Schüssel darüber, spricht eine Beschwörung in die Luft, und als er den Teller nach langer Zeit aufdeckt und herumzeigt, sind die Kardamomen verschwunden, und es liegen Zwergäpfel darauf. Er deckt wieder die Schüssel darüber, spricht eine Beschwörung in die Luft, und als er den Teller nach langer Zeit aufdeckt und herumzeigt, sind die Zwergäpfel verschwunden, und es liegt eine Gebetsschnur darauf.

Die Kugeln sind aus Sandelholz geschnitzt, jede einzelne sieht aus wie Budai, der Mönch mit dem Baumwollsack, jede lächelt, jede ist dick und rund. Es müssten einhundertundacht Stück sein, aber sie bilden eine Kette ohne Anfang und Ende, auch der geschickteste Rechner weiß nicht, wo er anfangen soll zu zählen. Nun sieht sich der Gaukler nach allen Seiten um, klatscht in die Hände und fordert die Leute auf, sie sollten ihre Fähigkeit unter Beweis stellen. Dann deckt er wieder die Schüssel über den Teller und stellt ihn andersherum auf den Boden, so dass die Schüssel unten steht und der Teller daraufliegt. Mit einem schrägen Blick ruft er etwas, als ob er wütend wäre, und als er die Schüssel nach langer Zeit aufdeckt und herumzeigt, liegt keine Gebetsschnur darin, sondern sie ist voll Wasser, und es plätschern zwei Goldfische darin, schlucken Wasser, spucken Schlamm, springen in die Höhe und schwimmen im Kreis.

Der Gaukler stellt fünf bemalte Porzellanteller von fast zwei Chi Durchmesser auf den Tisch und legt mehrere Dutzend feine Bambusstäbe unter den Tisch. Ihre Stärke und Länge entspricht Pfeilen, und am Ende sind sie angespitzt. Dann nimmt er so einen Stab, setzt einen Teller auf die Spitze und versetzt ihn durch Rütteln des Stabes in Drehung. Der Teller kippt nicht, und wenn er sich etwas langsamer dreht, stößt der Gaukler ihn mit der Hand an, damit er schneller wird. Der Teller ist bestrebt, sich zu drehen, und denkt nicht daran herunterzufallen. Wenn er sich etwas neigt, wird er mit dem Bambusstab zu schnellerem Lauf angetrieben. Der Teller entfernt sich mehr als ein Chi weit von der Spitze des Stabes, kommt treffsicher wieder herunter und dreht und dreht sich. Der Gaukler steckt sich den Stab in den rechten Stiefelschaft, und der Teller dreht sich weiter. Dann versetzt er auf noch einem Stab einen zweiten Teller in Drehung und steckt sich den Stab in den linken Stiefelschaft. Einen weiteren Stab mit einem sich drehenden Teller steckt er sich rechts in den Kragen und noch einen links in den Kragen. Anschließend setzt er wieder einen Teller auf einen Stab, treibt ihn durch Rütteln an, sich zu drehen, schlägt mit der Hand daran, dass es klirrt, und dann fügt er Stab an Stab, immer mehr und mehr. Der Teller ist schwer, der Stab wird so lang, dass er sich durchbiegt, aber der Teller denkt nicht daran, herunterzufallen und zu zerbrechen, er dreht und dreht sich ohne Ende. Als es mehr als zehn Stäbe sind, ragen sie über die Dächer hinaus. Jetzt zieht der Gaukler die Stäbe mit den Tellern, die er sich vorher hineingesteckt hatte, langsam heraus und reicht sie einen nach dem anderen jemandem, der neben ihm steht, und der legt sie auf den Tisch. Dann nimmt der Gaukler einen Stab in den Mund wie eine Tabakspfeife und setzt den zusammengesteckten Stab auf das Ende dieses Stabes, lässt die Hände sinken und steht lange Zeit aufrecht da. Derweil erstarrt den Leuten das Blut in den Adern, nicht weil es ihnen um den Teller leid tut, sondern weil es so spannend ist zuzusehen. Im nächsten Augenblick kommt ein Windstoß, der Stab bricht tatsächlich mittendurch, und die Leute durchzuckt je nachdem Schreck oder Freude. Auch der Gaukler regt sich. Rasch tritt er vor, fängt den Teller auf und wirft ihn hoch in die Luft, so dass er hundert Chi hoch hinauffliegt. Dann blickt er in allen vier Richtungen nach den Leuten und ist dabei ganz gelassen. Mühelos nimmt er den Teller in Empfang und rühmt sich in keiner Weise, so als wäre gar niemand anwesend.

Der Gaukler schüttet fünf oder sechs Dou ungeschälten Reis vor sich hin und schaufelt ihn mit beiden Händen in sich hinein, als wäre er ein pflanzenfressendes Tier. Im Nu hat er alles verschlungen, und der Boden sieht aus wie geleckt. Dann spuckt er die Reisschalen auf die Erde, die durch den Speichel klumpig zusammenbacken. Als alle Schalen ausgespuckt sind, kommt Rauch, der Lippen und Zähne des Gauklers einhüllt. Er streicht sich mit der Hand über den Bart und lässt sich Wasser geben, um sich den Mund zu spülen, aber der Rauch hört nicht auf. Er klopft sich auf die Brust, er wischt sich die Lippen ab, und er wird ungeduldig. Er trinkt mehrere Schälchen Wasser hintereinander, aber der Rauch wird immer stärker. Er reißt den Mund auf und spuckt, da füllt glühendes Feuer seinen Mund. Er greift mit Essstäbchen danach, und es ist halb Holzkohle und halb Feuerbrand.

Der Gaukler legt einen goldenen Flaschenkürbis auf den Tisch und stellt eine in Kupfer gefasste Blumenvase daneben, in die er Pfauenfedern steckt. Einen Augenblick später ist der goldene Flaschenkürbis verschwunden. Der Gaukler zeigt auf einen Mann in der Menge und sagt: „Der alte Herr da hält ihn versteckt." Im Gesicht des Mannes malt sich Zorn, und er sagt: „Wie könnt Ihr so ungezogen sein?" Lächelnd erklärt der Gaukler: „Der alte Herr betrügt uns wirklich und wahrhaftig, er hält den Flaschenkürbis in seinem Busen versteckt." Der Mann ist voller Empörung und schimpft in einem fort. Als er an seinen Kleidern zerrt, fällt plötzlich aus seinem Busen etwas klirrend zu Boden, und der ganze Markt lacht. Der Mann bleibt stumm und verschwindet hinter dem Rücken der Leute.

Der Gaukler wischt die Tischplatte sauber und baut Bücher darauf auf sowie ein Räucherfässchen, in dem er Duftholz verbrennt. Auf einem durchsichtigen Glasteller liegen drei Pfirsiche, jeder so groß wie ein Essschälchen. Vor den Tisch legt er ein Schachbrett und stellt die Behälter mit den weißen und den schwarzen Spielsteinen daneben, er breitet Kissen und Matten aus, alles ordentlich und feierlich. Dann legt er für einen Augenblick einen Vorhang darüber, und als er ihn wieder wegnimmt, erblickt man Männer, die perlengeschmückte Kappen und Lotosblattgewänder tragen oder Ärmel wie Morgenrot und Schuhe wie Wolken, während andere barfuß sind und in Laub gehüllt. Sie sitzen einander paarweise gegenüber und spielen eine Partie, stehen auf einen Stock gestützt daneben oder stützen den Kopf in die Hand und schlafen im Sitzen. Alle haben sie schöne Bärte und sehen altertümlich und wunderlich aus. Plötzlich haben die drei Pfirsiche auf dem Teller Zweige mit Blättern daran, und an den Spitzen der Zweige sitzen geöffnete Blüten. Ein Mann mit einer perlengeschmückten Kappe ergreift einen der Pfirsiche, teilt ihn sich mit den anderen, nimmt den Kern und steckt ihn in die Erde. Und ehe der nächste Pfirsich zur Hälfte gegessen ist, wächst aus dem Kern in der Erde ein mehrere Chi hohes Bäumchen, blüht und trägt Früchte. Die Schachrunde aber ergraut mit einem Mal, und gleich darauf verblasst sie.

Der Gaukler legt einen großen gläsernen Spiegel auf den Tisch und stellt ihn auf einen Ständer. Dann ruft er die Leute heran und lässt sie in den Spiegel schauen. Sie erblicken mehrstöckige Häuser und Hallen, die prächtig bemalt sind. Hohe Beamte mit einem Fliegenwedel in der Hand wandeln an den Geländern entlang. Reizende Frauen, die zu dritt oder viert gehen, halten kostbare Schwerter oder goldene Kannen in den Händen, blasen Phönixflöten oder stoßen bunte Seidenbälle mit dem Fuß. Sie tragen funkelnde Ohrgehänge und Wolkenfrisuren, und sie sind unvergleichlich schön. Die vielfältigsten Einrichtungsgegenstände und die unterschiedlichsten Kostbarkeiten in den Räumen sind wahrlich das Teuerste und Edelste von der Welt. Jeder Betrachter bewundert diesen Anblick, schaut ganz vernarrt danach und vergisst, dass das nur ein Spiegel ist. Am liebsten möchte man mit hineinschlüpfen. Da befiehlt der Gaukler den Leuten zurückzutreten. Er deckt den Spiegel zu, damit sie nicht zu lange hineinsehen. Er spaziert umher, singt etwas in alle vier Himmelsrichtungen, dann macht er den Spiegel wieder frei und fordert die Leute auf hineinzusehen. Die Häuser sind still, die Hallen verödet. Wieviel Zeit ist vergangen? Wohin sind die Schönen verschwunden? Ein Schlafender liegt auf dem Bett auf der Seite, daneben ist alles leer. Das Ohr hat er auf die Hand gelegt, und aus seinem Scheitel steigt ein Wölkchen auf, das sich kräuselt wie Rauch. Unten ist es spitz, oben rund, die Form gleicht einer Hängebrust. Zhong Kui verheiratet seine Schwester, der Uhu nimmt sie zur Frau, der Totengeist Liu führt den Zug an, Fledermäuse tragen die Fahnen. All das steigt in dem Wölkchen mit dem Dunst in die Höhe. Der Schläfer reckt und streckt sich, er scheint wach werden zu wollen, legt sich aber wieder hin. Plötzlich werden seine Beine zu Rädern, die aber noch ohne Speichen und Achsen sind. Die Zuschauer sind entsetzt, sie decken den Spiegel zu und wenden sich ab. Mit den Traumbildern dieser Welt ist es nicht anders als mit diesem Spiegel, in dem Glanz und Elend im Augenblick wechseln. Alles auf der Welt blüht am Morgen und welkt am Abend. Gestern reich, heute arm. Eben noch Jugendkraft, und plötzlich Altersschwäche. Eben gestorben, und schon wiedergeboren. Was existiert, was ist vergangen? Was ist Wahrheit, was ist Schein? Das Wort richtet sich an die barmherzigen Wohltäter, die mitfühlenden Brüder: Scheinwelt und Traumkörper, trügerisches Gold und flüchtige Seide sind in einem großen Knoten von Ursache und Anlass miteinander verknüpft. Haltet beim Atmen einen Moment inne und nehmt diesen Spiegel zur Richtschnur. Stürmt nicht heißblütig vorwärts und weicht nicht kaltherzig zurück. Spendet gleichmäßig Euer Geld, um der Armut abzuhelfen.

Der Gaukler stellt eine Schüssel auf den Tisch, wischt sie mit einem Tuch aus und legt eine rote Filzdecke darüber, als wolle er ein Kunststück vorführen. Durch die Bewegung fällt aus seinem Busen ein Teller klirrend zu Boden, und rote Jujuben rollen überallhin. Die Menge lacht. Auch der Gaukler lacht, er räumt seine Sachen zusammen, weil er die Vorführung abbricht. Der Trick ist ihm nicht misslungen, der Abend geht zu Ende, darum hat er ihn absichtlich misslingen lassen, damit die Menge es sieht. Es war also nur vorgetäuscht.

Teil II: Erzählungen

Die Geschichte vom Wolf in den Zhongshan-Bergen

Zhao Jianzi hielt in den Zhongshan-Bergen eine große Jagd ab. Die Wildhüter führten vornweg, Falken und Hunde waren dahinter verteilt. Das Federwild, das erbeutet wurde, das Haarwild, das von den Falken geschlagen wurde, und alles, was mit dem ersten Schuss erlegt wurde, war nicht zu zählen. Ein Wolf stellte sich in den Weg, stand aufrecht wie ein Mensch und heulte.

Zhao Jianzi bestieg mit herabhängenden Armen den Wagen und spannte seinen trefflichen Bogen, auf dem ein Pfeil lag, wie ihn die Sushen als Tribut brachten. Er schoss nur ein Mal, und der Pfeil drang bis zum Gefieder ein. Der Wolf jaulte auf und lief weg. Wütend trieb Zhao Jianzi die Pferde an und verfolgte ihn. Der aufgewirbelte Staub verdunkelte den Himmel, die Hufschläge tönten wie Donner. In zehn Schritt Entfernung waren Menschen und Pferde nicht mehr zu unterscheiden.

Zur selben Zeit war Herr Dongguo, ein Anhänger der Lehre des Mo Di, der einen Beamtenposten anstrebte, auf dem Wege nach Norden in die Zhongshan-Berge gelangt. Er trieb einen lahmen Esel vor sich her, der einen Sack voller Bücher trug, war seit dem Morgen unterwegs und hatte sich verirrt. Als er in der Ferne den Staub aufsteigen sah, geriet er in Furcht. Da kam plötzlich der Wolf gelaufen, schaute ihn erwartungsvoll an und sprach: „Herr, Ihr werdet doch wohl gewillt sein, einen zu retten! Einst hat Mao Bao die Schildkröte ins Wasser gesetzt und gelangte dadurch über den Fluss, der Fürst von Sui hat die Schlange gerettet und bekam dafür eine Perle. Eine Schildkröte und eine Schlange sind nichts Besseres als ein Wolf. Wollt Ihr mich angesichts dessen, was heute los ist, nicht schnell in diesen Sack kriechen lassen, um mein bisschen Leben ein wenig zu verlängern?

Werde ich mir, wenn ich später einmal Gelegenheit habe, meine Fähigkeiten unter Beweis zu stellen, für Eure Güte, mir das Leben zurückgegeben zu haben, so dass sich gleichsam meine Knochen von neuem mit Fleisch bedeckt haben, etwa nicht alle Mühe geben, um der Aufrichtigkeit von Schildkröte und Schlange nachzueifern?"

„Oh!" sagte Herr Dongguo. „Wenn ich dich Wolf verstecke und mich damit an einem Erbminister vergehe, mich einem Mächtigen und Vornehmen widersetze, ist das daraus erwachsende Unheil nicht zu ermessen. Wie soll ich da noch auf eine Vergeltung hoffen? Aber den Prinzipien des Mo Di liegt die allumfassende Liebe zugrunde, und so muss ich schließlich eine Möglichkeit finden, dir das Leben zu retten. Wenn etwa ein Unheil daraus erwächst, so ist das eben nicht zu vermeiden."

Er nahm die Bücher aus dem Sack, und als er leer war, steckte er behutsam den Wolf hinein, wobei er befürchtete, er könnte ihm vorn auf die Wamme oder hinten auf den Schwanz treten. Dreimal versuchte er, ihn hineinzubekommen, doch es gelang ihm nicht.

Über diesem Hin und Her kamen die Verfolger näher, und der Wolf bat: „Die Sache pressiert. Wenn Ihr wirklich so gut sein wollt, mich vor der Vernichtung zu bewahren, wie könnt Ihr dann mit tönenden Wagenglocken den Räubern entgehen wollen? Ihr müsst Euch schnell etwas ausdenken! Ich will alle vier Pfoten anlegen, und Ihr umwickelt mich mit einem Strick vom Kopf bis zum Schwanz. Ich beuge den Rücken, um die Wamme zu verbergen, rolle mich ein wie ein Igel, krümme mich wie eine Spannerraupe, ringele mich zusammen wie eine Schlange und reguliere meinen Atem wie eine Schildkröte, um Euren Weisungen zu folgen."

Herr Dongguo hielt sich an diese Empfehlungen, steckte den Wolf in den Sack, band den Sack zu und lud ihn dem Esel auf. Diesen führte er links neben den Weg, um sich zu verstecken, bis Zhao und seine Leute vorüber waren.

Bald darauf langte Zhao Jianzi an, der vergeblich nach dem Wolf gesucht hatte. Schäumend vor Wut zog er sein Schwert und hackte damit das Ende der Wagendeichsel ab. Er zeigte es Herrn Dongguo und schimpfte: „Wer zu verheimlichen wagt, welche Richtung der Wolf genommen hat, dem wird es ergehen wie dieser Deichsel!"

Herr Dongguo fiel auf die Knie und verbeugte sich so, als ob er den Kopf auf den Richtblock legte. Dann kroch er näher und sagte mit aufgerichtetem Oberkörper: „Meine Wenigkeit ist nicht klug, und meine Absichten sind auf diese Welt gerichtet. Ich bin nach einem fernen Ziel unterwegs und habe den rechten Weg verfehlt. Wie wäre ich imstande, die Spur eines Wolfs zu erkennen, um Euren Falken und Hunden den Weg zu weisen, hoher Herr? Doch ich habe gehört, ein Schaf könne auf dem Weg verlorengehen, weil es so viele Abzweigungen gibt. Nun wird mit einem Schaf selbst ein Kind fertig, so zahm ist es, und doch geht es der vielen Abzweigungen wegen verloren. Ein Wolf ist etwas anderes als ein Schaf, und in den Zhongshan-Bergen gibt es nicht nur so viele Seitenpfade, dass ein Schaf verlorengehen könnte. Ist es, wenn man nur auf dem großen Weg nach ihm sucht, nicht so ähnlich, als wenn man darauf wartet, dass sich weitere Hasen am Baumstamm den Kopf einrennen, oder als wenn man auf Bäume steigt, um nach Fischen zu suchen? Zumal die Jagd die Sache der Wildhüter ist. Ihr solltet die mit den Pelzmützen fragen, hoher Herr. Welche Schuld trägt ein Durchreisender? Außerdem bin ich zwar dumm, wie aber sollte ich nicht wissen, dass der Wolf gierig und böse ist und sich mit Schakalen zusammentut, um Grausamkeiten zu begehen? Wenn Ihr, hoher Herr, ihm den Garaus machen könntet, würde ich mich als erster in Marsch setzen, um ebenfalls einen kleinen Beitrag zu leisten. Würde ich da schweigen wollen, anstatt zu reden?"

Zhao Jianzi kehrte stumm zum Wagen zurück, um seinen Weg fortzusetzen, und auch Herr Dongguo trieb seinen Esel an, um mit doppelter Geschwindigkeit weiterzuziehen.

Als nach längerer Zeit die Fahnen aus dem Blickfeld verschwunden und die Geräusche des Wagens und der Pferde verklungen waren, sagte sich der Wolf, Zhao Jianzi müsse weit fort sein, und meldete sich aus dem Sack mit den Worten: „Gebt acht, Herr, holt mich aus dem Sack, löst meine Fesseln und zieht mir den Pfeil aus dem Vorderbein. Ich bin nahe daran zu sterben."

Herr Dongguo machte sich ans Werk und holte den Wolf heraus. Da brüllte der Wolf und sprach: „Als mich vorhin die Jäger verfolgten und so schnell herankamen, habt Ihr mir glücklicherweise das Leben bewahrt. Nun bin ich sehr hungrig. Wenn ich nichts zu fressen bekomme, bleibt mir am Ende auch nur der Tod. Ehe ich hier auf dem Weg verhungere und von Tieren gefressen werde, hätte ich mich lieber von den Jägern töten lassen, um einer vornehmen Familie als Opfer zu dienen. Wenn Ihr, mein Herr, ein Anhänger der Lehre des Mo Di seid, Euch den Initiationsriten unterzogen habt und einzig danach trachtet, dem Reich zu nutzen, wie könnt Ihr dann zu geizig sein, um mich mit Eurem Körper zu nähren, und statt dessen Euer kleines Leben erhalten wollen?" Damit ging er zähnefletschend und pfotenschlagend auf Herrn Dongguo los.

Da stieß Herr Dongguo ihn mit der Hand weg, er stieß ihn weg und wich zurück, um hinter dem Esel in Deckung zu gehen. Dann drehte er sich um und wollte sich entfernen. Bis zum Schluss gelang es dem Wolf nicht, die Oberhand über Herrn Dongguo zu gewinnen, der sich mit aller Kraft zur Wehr setzte. Als sie beide erschöpft waren, rangen sie zu beiden Seiten des Esels nach Atem, und Herr Dongguo sagte: „Wolf, du hast mich hintergangen! Wolf, du hast mich hintergangen!"

Darauf erwiderte der Wolf: „Ich habe dich nicht mit Absicht hintergangen. Der Himmel hat euch hervorgebracht, damit wir euch fressen."

Während sie so lange Zeit miteinander rechteten, wanderte der Sonnenschatten weiter, und Herr Dongguo sagte sich, wenn es erst Abend wäre, würden die Wölfe im Rudel kommen, und dann wäre sein Schicksal besiegelt. Also wandte er sich an den Wolf mit den Worten: „Der volkstümlichen Sitte nach zieht man in Zweifelsfällen drei Alte zu Rate. Darum sollten wir einfach losgehen und drei Alte suchen, um sie zu fragen. Wenn sie sagen, ich kann gefressen werden, dann frisst du mich. Wenn sie aber sagen, ich kann nicht gefressen werden, dann ist Schluss damit."

Der Wolf war hocherfreut, und so zogen sie gemeinsam los. Doch eine ganze Weile kam auf dem Weg niemand gegangen. Der Wolf gierte nach Futter, und weil er am Wegesrand einen alten Baum erblickte, schlug er Herrn Dongguo vor: „Diesen Alten können wir fragen!"

„Kräuter und Bäume haben keinen Verstand", entgegnete Herr Dongguo. „Welchen Sinn hat es, ihn zu fragen?"

„Fragen wir ihn einfach!" beharrte der Wolf. „Bestimmt hat er etwas zu sagen."

So blieb Herrn Dongguo nichts anderes übrig, als vor dem Baum grüßend die ineinandergelegten Hände zu erheben, den Fall zu schildern und schließlich zu fragen: „Soll mich der Wolf also fressen?"

Aus dem Baum ertönte eine schallende Stimme, die zu Herrn Dongguo sprach: „Ich bin ein Aprikosenbaum. Als ich seinerzeit von dem alten Gärtner gepflanzt wurde, brauchte er nicht mehr als einen Kern, den er in die Erde steckte. Übers Jahr habe ich geblüht und nach einem weiteren Jahr Früchte getragen. Nach drei Jahren konnte man mich mit beiden Händen umfassen, nach zehn Jahren mit beiden Armen. Heute bin ich zwanzig Jahre alt. Der Gärtner hat meine Aprikosen gegessen, seine Frau hat sie gegessen, Freunde, die zu Besuch kamen, und bis hinunter zur Dienerschaft – alle haben sie gegessen. Außerdem hat der Gärtner meine Früchte auf dem Markt verkauft, um Nutzen aus mir zu ziehen. Ich habe also größte Verdienste um ihn. Jetzt bin ich alt und kann keine Blüten und Früchte mehr tragen. Dadurch habe ich den Zorn des Gärtners erregt. Er hat meine Äste abgehackt und die Zweige mit den Blättern abgeschnitten. Er will mich an die Werkstatt eines Handwerkers verkaufen, damit sich dieser den geraden Stamm nimmt.

Ach! Der Götterbaum mit verrottetem Holz sowie Maulbeerbaum und Ulme mit ihrem schönen Aussehen bitten, dieser Eigenschaften wegen von der Hinrichtung mit Beil und Axt verschont zu bleiben, und können es nicht erreichen. Welche Wohltaten hast du dem Wolf erwiesen, dass du hoffst, verschont zu bleiben? Deshalb solltest du gefressen werden."

Nach diesen Worten ging der Wolf wieder zähnefletschend und pfotenschlagend auf Herrn Dongguo los, und Herr Dongguo sagte: „Wolf, du verstößt gegen die Abmachung. Wir haben geschworen, drei Alte zu fragen. Jetzt war erst der Aprikosenbaum an der Reihe. Warum also bedrängst du mich voreilig?"

Sie gingen zusammen weiter, und der Wolf, der immer ungeduldiger wurde, erblickte eine alte Kuh, die sich hinter einer verfallenen Mauer in der Sonne wärmte. Also sagte er zu Herrn Dongguo: „Diese Alte können wir fragen!"

Darauf erwiderte Herr Dongguo: „Erst war es ein Gewächs ohne Verstand, dessen verkehrtes Gerede nur geschadet hat. Die Kuh hier ist ein Tier, das wir nicht zu fragen brauchen."

„Fragen wir sie einfach!", beharrte der Wolf. „Wenn du sie nicht fragst, beiße ich dich!"

So blieb Herrn Dongguo nichts anderes übrig, als vor der alten Kuh grüßend die ineinandergelegten Hände zu erheben, wiederum den Fall zu schildern und dann seine Frage zu stellen.

Die Kuh runzelte die Brauen, riss die Augen auf, leckte sich die Nase und öffnete das Maul, um Herrn Dongguo zu sagen: „Die Worte des alten Aprikosenbaums waren nicht verkehrt. Als ich alte Kuh noch jung war und erst kleine Hörner hatte, waren meine Muskeln sehr stark, und der alte Bauer hat sein Schwert verkauft, um dafür mich zu erwerben. Er ließ mich mit der übrigen Rinderherde zusammen auf den Feldern arbeiten. Als ich erwachsen war und die anderen Rinder von Tag zu Tag klappriger wurden, habe alle Arbeiten ich getan. Wenn er fahren wollte, wurde ich vor den Jagdwagen gespannt, und er wählte bequeme Wege, damit ich flott lief. Wenn er pflügen wollte, wurde ich vom Wagen losgemacht und stapfte durch das Umland, um es von Strauchwerk zu befreien. Der Bauer liebte mich wie seine beiden Hände. Dank meiner hatte er Kleidung und Nahrung, dank meiner konnte er die Ehe schließen, dank meiner konnte er die Steuern bezahlen, dank meiner waren die Speicher gefüllt. Auch ich konnte sicher sein, einen geschützten Platz zu haben wie ein Pferd oder ein Hund. Früher hat der Bauer keine Reichtümer besessen, jetzt erntet er …zig Hu Weizen. Früher lebte er zurückgezogen und von niemand beachtet, heute spaziert er unbekümmert durchs Dorf. Früher waren seine Krüge eingestaubt und seine Lippen ausgetrocknet, ein halbes Leben lang hatte er keine Tonschale mit Wein an den Mund gesetzt, heute vergärt er Hirse und Sorghum, Krüge und Kübel sind gefüllt, und er verwöhnt Frau und Nebenfrauen.

Früher trug er kurze Kleider aus grobem Stoff und hatte Umgang mit Bäumen und Felsbrocken. Er erhob zum Gruß nicht die Hände und hatte sich kein Wissen angeeignet. Heute ist er mit einfacher Lektüre vertraut, trägt einen großen Bambushut auf dem Kopf und einen Lederriemen um den Leib. Sein Gewand ist weit und bequem.

Jedes Fädchen, jedes Körnchen ist auf meine Anstrengungen zurückzuführen, dennoch hat er mich in meiner Altersschwäche betrogen und hat mich in die Wildnis gejagt, wo mir der scharfe Wind in die Augen beißt und wo ich an kalten Tagen mit meinem Schatten allein bin. Meine dürren Knochen sind bergeschwer, meine Altersträne strömen wie Regen; mein Speichel rinnt aus dem Maul, und ich kann ihn nicht aufhalten, meine Füße sind verkrümmt, und ich kann sie nicht heben. Das Fell ist mir gänzlich ausgegangen, und meine Wunden sind nicht verheilt. Die Frau des Bauern ist neidisch und überdies grausam. Früh und spät liegt sie ihm in den Ohren, der Körper der Kuh sei nicht wertlos, das Fleisch könne man trocknen, die Haut könne man gerben, aus Knochen und Hörnern könne man Geräte schneiden und schleifen. Dem ältesten Sohn wirft sie vor: ‚Seit Jahren gehst du bei einem Koch in die Lehre, warum schärfst du nicht schon immer das Messer?' Wenn ich danach gehe, steht es nicht günstig für mich, und ich weiß nicht, wo ich den Tod finden werde. Ich habe meine Verdienste, aber sie haben kein Gefühl. Wenn mich unter diesen Umständen das Unheil trifft, welche Wohltaten hast du dann dem Wolf erwiesen, dass du hoffen darfst, verschont zu bleiben?"

Nach diesen Worten ging der Wolf wieder zähnefletschend und pfotenschlagend auf Herrn Dongguo los, und Herr Dongguo sagte: „Nicht so eilig!"

In der Ferne erblickte er einen alten Mann, der auf einen Gänsefußstecken gestützt näher kam. Bart und Brauen waren weiß, Gewand und Kopfbedeckung ließen auf Anstand und Kultiviertheit schließen. Dies musste ein ehrbarer Mensch sein. Freudig erregt ließ Herr Dongguo den Wolf stehen und ging dem Alten entgegen. Er fiel zur Begrüßung auf die Knie und sprach ihn unter Tränen an: „Alter Herr, ich bitte Euch, mir mit einem Wort das Leben zu erhalten."

Der Alte erkundigte sich, worum es ginge, und Herr Dongguo erklärte ihm: „Der Wolf hier wurde von Jägern bedrängt und bat mich, ihn zu retten. Ich habe ihm das Leben bewahrt, und jetzt will er mich fressen. Das verlangt er mit aller Macht und lässt sich nicht davon abbringen, so dass ich schon drauf und dran war, durch ihn zu sterben. Um etwas Zeit zu gewinnen, habe ich geschworen, wann ich sterben muss, sollten drei Alte entscheiden. Als erstes sind wir auf einen alten Aprikosenbaum gestoßen, und der Wolf hat mich gezwungen, ihn zu fragen, obwohl Gewächse keinen Verstand haben, und beinahe wäre ich umgekommen. Als nächstes sind wir einer alten Kuh begegnet, und wieder hat er mich gezwungen, sie zu fragen, obwohl auch Tiere keinen Verstand haben, und wieder wäre ich beinahe umgekommen. Jetzt haben wir Euch getroffen, alter Herr. Heißt das, der Himmel will nicht, dass die Prinzipien von Sitte und Ordnung untergehen? Ich flehe Euch an, mir mit einem Wort das Leben zu erhalten." Und er schlug mit der Stirn neben dem Stecken des Alten auf den Boden und verharrte dann mit gesenktem Kopf kniend, um das Urteil des Alten zu erwarten.

Nachdem der Alte ihn angehört hatte, seufzte er mehrmals hintereinander, stieß mit seinem Stecken den Wolf an und sagte: „Du hast unrecht. Es gibt keine schlimmere Boshaftigkeit, als sich gegen jemanden zu wenden, von dem man eine Wohltat erfahren hat. Die Konfuzianer sagen, wer von jemandem eine Wohltat erfährt und es nicht fertigbringt, sich gegen ihn zu wenden, der sei als Sohn ganz bestimmt pflichtbewusst. Und sie sprechen auch von Vater und Sohn, die nicht anders sind als Tiger und Wolf. Wenn du jetzt für eine erwiesene Wohltat dermaßen undankbar bist, dann gibt es auch nichts, was euch wie Vater und Sohn zusammenhielte." Und er sprach mit strenger Stimme weiter: „Mach schnell, dass du wegkommst, Wolf! Sonst schlage ich dich mit dem Stock tot!"

„Ihr wisst nur das eine, alter Herr, nicht aber das andere", wehrte sich der Wolf. „Ich bitte darum, es vortragen zu dürfen, und hoffe, Ihr werdet Euch herablassen, mich anzuhören. Zu Anfang, als dieser Herr mich gerettet hat, hat er mir die Füße gefesselt, hat mich in einen Sack eingesperrt und mich mit Gedichtbänden und Kalligraphien beschwert. Während ich mich zusammenkrümmte und nicht zu atmen wagte, hat er ein umständliches Gespräch mit Zhao Jianzi geführt. Seine Absicht war es wohl, mich in dem Sack umkommen zu lassen, um für sich einen Nutzen daraus zu ziehen. Warum also soll ich ihn nicht fressen?"

Der Alte blickte Herrn Dongguo an und sagte: „Wenn das stimmt, habt auch Ihr etwas Unrechtes getan."

Herr Dongguo ließ nicht locker und legte ausführlich dar, dass er den Wolf aus Mitleid in den Sack gesteckt hatte. Aber auch der Wolf argumentierte spitzfindig weiter, um doch noch den Sieg zu erringen, bis der Alte sagte: „Das alles kann mich nicht überzeugen. Versuch noch einmal, dich in den Sack stecken zu lassen. Ich möchte sehen, ob du wirklich leiden musstest."

Der Wolf kam dieser Aufforderung gern nach und überließ seine Pfoten Herrn Dongguo, der sie ihm erneut fesselte, um ihn dann in den Sack zu stecken und diesen wieder dem Esel aufzuladen, ohne dass der Wolf etwas ahnte.

Dicht an Herrn Dongguos Ohr fragte der Alte: „Habt Ihr einen Dolch?"

„Ja", sagte Herr Dongguo und holte ihn hervor.

Mit den Augen gab der Alte ihm zu verstehen, er solle zustechen.

„Werde ich ihn dadurch nicht töten?", fragte Herr Dongguo.

Lächelnd gab ihm der Alte zur Antwort: „Wenn Ihr es nicht über Euch bringt, dieses undankbare Tier zu töten, seid Ihr wirklich gutherzig, aber auch sehr dumm. Wenn man in den Brunnen springt, um einen Menschen zu retten, oder sich auszieht, um einen Freund das Leben zu erhalten, so geht das an, weil man an den anderen denkt, und wie hieße das, den Pfad des Todes zu beschreiten? Aber war es denn bei Euch so ein Fall? An Gutherzigkeit, die in Dummheit ausartet, beteiligt der Edle sich nicht."

Nachdem er zu Ende gesprochen hatte, brach er in lautes Gelächter aus, und auch Herr Dongguo lachte. Dann griff der Alte zu und half Herrn Dongguo, den Dolch zu gebrauchen. Gemeinsam töteten sie den Wolf, warfen ihn auf den Weg und gingen davon.

Eine Darstellung von Leben und Taten der Frau Liu

Frau Liu war Pu Songlings Ehefrau. Ihr Vater, der in seiner Prosa Ji Tiao nacheiferte und dessen postumer Ehrenname Guoding lautet, hatte durch seine Teilnahme an den staatlichen Prüfungen Ansehen erworben. Er hatte vier Töchter, von denen Songlings Frau die zweitälteste war.

Alles fing damit an, dass Songlings Vater, der Herr Privatier Minwu, von klein auf intelligent war und den Willen hatte, sich in die Bücher zu vertiefen. In seiner Prosa orientierte er sich an Tao und Deng. Er nahm an der Anfängerprüfung teil und litt darunter, sie nicht bestanden zu haben. Weil seine Familie sehr arm war, ließ er vom Studieren ab und erlernte den Handel. Er sparte mehr als zwanzig Jahre lang und galt den Leuten als jemand, der reicher war als ein mit einem Posten belehnter Beamter.

Doch als er mit mehr als vierzig Jahren noch keinen einzigen Sohn hatte, wollte er nicht länger Reichtümer anhäufen, also verschloss er sein Tor und lernte. Es gab keinen Augenblick mehr, in dem er das Buch aus der Hand gelegt hätte, und so waren auch gebildete Konfuzianer nicht so kenntnisreich wie er. Außerdem half er den Armen und ließ Tempel errichten, ohne sich um die Mittel für seinen Lebensunterhalt zu kümmern.

Er hatte dann drei Söhne von seiner Hauptfrau und einen von einer Nebenfrau. Sobald die Söhne über zehn Jahre alt waren, unterrichtete er sie selbst. Weil es aber nur wenige gab, die etwas taten, während viele da waren, die aßen, ging es mit der Familie von Tag zu Tag weiter bergab.

Songling war der Drittgeborene, mit mehr als zehn Jahren war er noch nicht verlobt. Als bekannt wurde, dass Herrn Lius zweitälteste Tochter noch keinen Bräutigam hatte, wurde eine Ehevermittlerin eingeschaltet. Jemand erhob den Vorwurf, Pu sei arm, aber Herr Liu sagte: „Soweit mir bekannt ist, ist er ein Unsterblicher, der Schmach zu ertragen weiß. Außerdem unterrichtet er seine Söhne selbst und hört trotz seiner Armut nicht auf zu studieren. Wer seine väterlichen Belehrungen empfangen hat, wird bestimmt nicht straucheln. Worin also liegt, abgesehen von der Armut, der Makel?" Und so wurde dann die Verlobung geschlossen.

Im 32. Jahr des Sechzigerzyklus während der Ära Shunzhi [1655] kam das unbegründete Gerücht auf, der Hof wolle den Harem mit Töchtern aus unbescholtenen Familien auffüllen, und die Stimmung der Bevölkerung wurde unruhig. Anfangs gab Herr Liu nichts auf das Gerücht, aber er wagte nicht, standhaft zu bleiben, und schickte nach dem Vorbild der Menge seine Tochter in die Familie ihres Verlobten. Sie war damals ganze dreizehn Jahre alt und teilte den Schlafplatz mit Frau Dong, ihrer Schwiegermutter. Erst als sich das Gerücht wieder gelegt hatte, kehrte sie nach Hause zurück.

Nicht eher als zwei Jahre später wurde das Hochzeitsritual vollzogen. Nachdem die Braut ins Haus gekommen war, erwies sie sich als freundlich und ehrerbietig, bescheiden und wortkarg. Sie war nicht wendig und listenreich wie ihre Schwägerinnen und auch nicht widersetzlich und beleidigend der Schwiegermutter gegenüber wie jene. Ihre Schwiegermutter, Frau Dong, sagte von ihr, sie habe das Herz eines Kindes, ließ ihr viel Liebe zuteil werden und lobte sie überall, wo sie mit jemandem zusammentraf. Das ärgerte besonders die Frau des Ältesten, und so stellte sie sich an die Spitze der Schwägerinnen, als wenn es eine Partei gewesen wäre. Sie verdächtigten die Schwiegermutter, voreingenommen zu sein, und belauerten sie in einem fort. Aber die Schwiegermutter benahm sich stets untadlig und liebte den Sohn der Nebenfrau genau wie ihre eigenen Söhne, so dass sie keine Angriffsfläche bot. Doch immer wieder wurden ihr unbeabsichtigte Zusammenstöße zur Last gelegt, und das Krakeelen der Schwätzerinnen nahm kein Ende.

Daraufhin sagte der Herr Privatier: „So kann das auf Dauer nicht weitergehen!" Und er teilte den Besitz von zwanzig Mu auf. Zu dieser Zeit gab es eben eine Missernte, und es wurden nur fünf Dou Buchweizen und drei Dou Hirse eingebracht. Von den verschiedensten Gerätschaften wurden die verrotteten beiseite geworfen, und jeder wollte die unversehrten haben. Frau Liu aber blieb stumm, als wäre sie töricht.

Die Brüder bekamen große Häuser mit Küche und leerstehenden Räumen, nur Songling ging es anders, zum Wohnen bekam er ein altes Gebäude von drei Säulenzwischenräumen Breite am Dreschplatz, ringsherum ohne Mauer. Der Platz war mit jungen Bäumen bewachsen und stand voller Unkraut.

Während Songling Jahr für Jahr auswärts studierte, rodete Frau Liu das Gestrüpp und suchte einen Tagelöhner, der eine Mauer errichtete. Vom ältesten Bruder lieh sie einen Türflügel aus rohen Brettern – nicht größer als eine Handfläche –, mit dem sie den Innen- und den Außenbereich provisorisch voneinander schied. Wenn sie hinaus wollte und jemand kam herein, verbarg sie sich hinter dieser Tür, bis er drinnen war, ehe sie hinausging.

Damals hatte sie erst ihren ältesten Sohn Ruo geboren, mit ihm „legte sie sich auf die Pfade der Wiesel und freute sich, wenn sie die Schritte eines Menschen hörte". Wenn es regnete, pladderte es im Hof, wenn der Wind wehte, pfiff er ums Haus, und wenn es donnerte, krachte und dröhnte es nur so. Drang in der Nacht ein Wolf ein, dann krähte in der Nische aufgeregt der Hahn, und im Stall stürzten die Schweine aufgeregt hin und her. Der Sohn, der keinen Kummer kannte, schlief längst süß, und flackernd brannte die Lampe, die ihr beim Spinnen leuchtete, während sie den Morgen erwartete. Darum sparte sie sich häufig das Essen vom Munde ab und hob Fladen auf, mit denen sie eine Alte von nebenan köderte. Diese ließ sie zum Schlafen zu sich ins Bett steigen, damit sie Gesellschaft hatte. Die Armut ertrug sie, ohne zu klagen, und sie wollte nicht, dass der Sohn das Lernen aufgab. Sie bedauerte ihn, weil er noch so jung war, und strich ihm übers Haar, wenn sie ihn im Morgengrauen losschickte. Dann sah sie ihm nach, bis er in der Schule war, ehe sie wieder umkehrte.

Später gebar sie noch eine Tochter und drei Söhne: der zweitälteste heißt Chi, der drittälteste Yun und der jüngste Hu. Gut zehn Jahre später wurden sie allmählich selbständig. Weil sie heirateten, war sie gezwungen, für Wohnraum zu sorgen. Jeder Sohn bekam ein Haus und einen Hof mit einer Fläche von einem Mu. Daraufhin war kein freier Platz mehr vorhanden. Wo früher das Unkraut wuchs, standen jetzt strohgedeckte Häuser. Doch die Familie war zu groß geworden; wenn sie sich zum Essen traf, reichte eine Bank nicht mehr aus. Darum bekam jeder einen Tontopf und musste selber kochen. Wenig später wurde der älteste Sohn Stipendiat, der drittälteste und der jüngste bestanden die Prüfung als „Hervorragendes Talent" (*xiucai*) [Titel eines Examenskandidaten], und der älteste Enkel schnitt bei der Anfängerprüfung als Bester ab. Frau Liu ernährte sich ärmlich und kleidete sich bescheiden, so hatte sie reichlich Erspartes im Vorratsbehälter.

Als Songling siebzig Jahre alt war, setzte er sich zur Ruhe und ging nicht mehr auf Reisen. Zuvor hatte er noch mit fünfzig vorwärtszukommen versucht. Frau Liu hatte ihm mit den Worten Einhalt geboten: „Du solltest es sein lassen! Wäre es dir vom Schicksal beschieden gewesen, ein hoher Beamter zu werden, hättest du heute schon einen Posten in der Zentralregierung. Auch in den Bergwäldern gibt es Orte der Freude, warum willst du dich an den Schmerzensschreien der Gefolterten ergötzen?" Songling gab ihr Recht. Als er sah, dass Söhne und Enkel Prüfungserfolge erzielten, war er selbst in seiner Engstirnigkeit nicht ohne Hoffnung, und seine Worte verrieten stets seine wahren Gefühle, Frau Liu aber tat es als Belanglosigkeit ab. Und wenn jemand, um ihr zu schmeicheln, von Vorzeichen sprach, tat sie, als habe sie es nicht gehört. Lachend fragte Songling: „Möchtest du nicht gern die Frau eines gefeierten Mannes sein?" Darauf erwiderte sie: „Ich habe keine andere Stärke als Genügsamkeit. Wir haben jetzt drei Söhne und einen Enkel, die das Zeug haben, unsere Tradition als Gelehrtenfamilie fortzuführen. Wir haben anzuziehen und zu essen, so dass wir nicht frieren und hungern müssen. Hat uns also der Himmel nicht reich bedacht? Welche Verdienste und guten Taten hätte ich aufzuweisen, um damit nicht zufrieden zu sein?"

In ihrer Jugend hatte sie sich beim Spinnen und Weben überanstrengt, darum litt sie, als sie älter wurde, unter Schmerzen in den Armen, dennoch ließ sie nicht davon ab. Ihre Kleider wurden oftmals gewaschen und waren zum Teil auch etwas geflickt. Wenn nicht Gäste bewirtet wurden, war kein Fleisch in der Küche. War Songling verreist und sie bekam Leckerbissen, dann aß sie diese nicht selbst, sondern schloss sie weg, so dass sie jedes Mal schlecht wurden. Die Brüder waren bettelarm, und es war etwas Alltägliches, dass sie ihnen Geld borgte, ohne zu hoffen, dass jene es zurückgaben. Sie sagte einmal: „Ich werde häufig von anderen angebettelt, bettle aber niemanden an – das ist ein großes Glück."

Im Alter war sie oft krank, jedes Jahr mehrere Male. Von Kindheit an bekam sie Verhärtungen im Bauchbereich, die aber nicht schadeten. Nach ihrem sechzigsten Lebensjahr wurde das mit den Jahren immer schlimmer. Als sie siebzig war, bekam sie diese Verhärtungen auf beiden Seiten, und sobald sie auftraten, setzten Schwindelgefühl und Herzbeschwerden ein, wobei die Erscheinungsform nicht einheitlich war. Nach drei bis fünf Tagen war alles wieder vorüber.

Im 30. Jahr des Sechzigerzyklus [1713], als sie einundsiebzig Jahre zählte, trank sie zum Mittelherbstfest [15. 8. = 4. Oktober] mit der Tochter und den Schwiegertöchtern zusammen Wein und redete bis um die Mittagszeit in einem fort. Am nächsten Tag war sie krank, was niemanden verwunderte. Einige Tage später konnte sie vor Schwäche nicht mehr aufstehen. Jetzt erst machten sich alle Sorgen.

Ihr Körper war so heiß, dass man sich die Hände daran verbrennen konnte. Der Arzt setzte auf Kälte, aber das Fieber stieg nur umso mehr. Da sagte sie: „Heutzutage gibt es nur lauter Quacksalber, die nichts bewirken. Man quält sich völlig umsonst. Ich will nicht mehr behandelt werden!" Die Söhne hatten Seidenstoff aus Sichuan für ihre Totenkleider gekauft, und diese waren eben fertiggestellt. Am sechsundzwanzigsten [des 8. Monats = 15. Oktober 1713] leitete sie noch vom Bett aus den Haushalt. Als eben die Lampen aufgestellt waren, verlangte sie mehrmals nach ihren Kleidern und sagte: „Ich gehe. Meine einzige Anordnung ist, dass kein buddhistisches Ritual abgehalten wird." Kurz darauf war sie tot. Als sie drei Tage später aufgebahrt wurde, sah ihr Gesicht wie lebendig aus. Zuvor hatte sie, als sie sechzig wurde, darauf gedrängt, für einen Begräbnisplatz zu sorgen. Als gelegentlich jemand einen Sarg aus Thujaholz verkaufte, hatte Songling ihn gekauft und gesagt: „Wer von uns als Erster stirbt, soll darin liegen." Lachend hatte Frau Liu erwidert: „Er wird wohl für mich sein, ich weiß bloß nicht, wann es soweit ist." Auf diese Weise war, als sie starb, alles vorbereitet, und so wurde sie am 15. Tag des 10. Monats [2. Dezember 1713] in der Mittagsstunde begraben.

Der pietätvolle Sohn Zhou

Zhou, der pietätvolle Sohn, hieß mit Rufnamen Fangrong, sein Ehrenname war Tieyan. Er stammte aus Huating. Sein Vater Wenrong war nach Chu gegangen, sobald er volljährig war. Als er von dort zurückkam, um zu heiraten, war er achtundzwanzig. Im Jahr darauf wurde Fangrong geboren, und ein Jahr später reiste Wenrong wieder nach Chu. Nach fünf Jahren kam er heim, um seine Eltern zu besuchen, doch schon wenige Monate danach ging er wieder fort. Da war Fangrong erst sechs Jahre alt und behielt nur die Stimme und das Lächeln seines Vaters ein wenig in Erinnerung.

Acht Jahre später traf ein Schreiben aus Chu in Huating ein, in dem mitgeteilt wurde, Wenrong sei als Gast im Amtshaus von Guizhou gestorben, und zwar am 17. Tag des 9. Monats im 58. Jahr der Ära Qianlong (21. Oktober 1793). Zu dieser Zeit war Fangrong schon vierzehn Jahre alt. Seine Großeltern waren noch am Leben, aber die Familie verfügte nicht über den mindesten Besitz, und so musste Fangrongs Mutter, eine geborene Wang, fleißig spinnen und weben, um den Unterhalt für jung und alt zu sichern. Weil es auch um die ganze Großfamilie nicht gut bestellt war, seufzten zwar alle Verwandten, als sie die Trauernachricht erhielten, aber wie hätten sie nach Chu reisen können, um den Sarg mit Wenrongs sterblichen Überresten nach Hause zu holen? So wurde zwar die Seele des Toten zurückgerufen und Opfer wurden gebracht, aber die Trauer entsprach nicht dem Zeremoniell. Dann starben die Großeltern nacheinander, und als sie ihr Ende nahen fühlten, streichelten sie Fangrong und sprachen seufzend: „Können wir wohl hoffen, dass du dich als pietätvoller Sohn erweist, der seinen Vater sucht, damit wir im Jenseits Ruhe finden?"

Weinend prägte Fangrong es sich ein, und von nun an hatte er nur noch den Vorsatz, die Gebeine seines Vaters heimzuholen und zu bestatten. Aber es gab mehrmals hintereinander Trauerfälle und Krankheiten, und die Familie war einfach zu arm. Mit dem, was Fangrong mit Hilfe des Schreibpinsels verdienen konnte, war nicht einmal die einfachste Ernährung gewährleistet. So gingen mehrere Jahre darüber hin, dass er sich auf den Weg machen wollte und doch dablieb. Als er seine Mutter bei den Familienopfern im Frühling und im Herbst schmerzlich weinen hörte, sagte er sich, er sei jetzt erwachsen und könne den Gefahren des Weges trotzen. Und so sprach er sich selber Mut zu mit den Worten: „Wo gäbe es einen Menschen auf Erden, der keinen Vater hat?" Dann verzichtete er auf Fleischkost, aß Fastenspeisen und trug weiße Trauerkleidung. Er sparte an den täglichen Ausgaben, um seiner Mutter einen Reisvorrat zu hinterlassen. Im Ahnentempel der Familie verbrannte er Räucherwerk und sprach: „Ich schwöre, nicht ohne die Gebeine meines Vaters zurückzukommen."

Dann bedachte er, dass der Weg weit war und die Kosten hoch sein würden, so dass er als einsamer armer Studiosus mit leeren Händen nicht schnell vorwärtskommen konnte. Er musste sich unbedingt in die Hauptstadt begeben und dann im Gefolge eines Beamten reisen. So würde er es vielleicht etwas einfacher haben. Also reiste er im 2. Monat des 17. Jahres der Ära Jiaqing (März/April 1812) als Schreiber auf einem Boot, das Tributreis beförderte, in die Hauptstadt.

Während er zuvor als Lehrer Kindern Unterricht erteilte, hatte er gesehen, wie jemand Cymbidien und Bambus malte, und hatte die Malweise heimlich nachgeahmt. Außerdem hatte er in einer Buchhandlung das unvollständige Exemplar einer Abreibung der Cao-Quan-Inschrift gefunden, die er immer wieder kopierte. Nachdem er das Boot bestiegen hatte, übte er sich während der Freizeit im Kalligraphieren und Malen. Überdies nahm er eine Briefsammlung mit Schriftstücken zur Hand, wie sie unter Beamten üblich sind. So schrieb und malte er morgens und abends, weil er sich sagte, wenn er mehreres zugleich übte, könnte es ihm dazu dienen, nach Chu zu reisen.

Nachdem er im 6. Monat (Juli/August) die Hauptstadt erreicht hatte, stieg er in der Tailai-Herberge in der Straße Xi-Heyan ab. Er suchte alle Beamten aus seiner Präfektur auf, die in der Hauptstadt Dienst taten, und trug unter Tränen sein Anliegen vor. Alle seufzten sie mitfühlend und versprachen, eine Stelle in Chu für ihn zu suchen. Die ursprüngliche Überlegung war, der Chang Jiang und der Han-Fluss seien Hauptverkehrsadern des Reiches und so gäbe es in Wu unzählige Beamte, die zu ihren Dienstorten reisten. Ein Schreiberposten gelte nicht viel, darum dürfte es keine Schwierigkeiten geben. Aber auch nach langer Wartezeit war so eine Stellung nicht zu bekommen. Darum sagte sich Fangrong: „Wenn ich stur warte, bis ich als Amtssekretär nach Chu reisen kann, werde ich mich erst wer weiß wann auf den Weg machen können. Ich bin aufgebrochen, um meinen Vater zu suchen. Egal, ob ich jemandem bei der Buchführung helfe oder mich so weit herablasse, dass ich Lohndiener werde, wenn ich dadurch nur nach Chu komme, bin ich zu allem bereit."

Diese Absicht teilte er den verschiedenen Herren aus seiner Heimatpräfektur mit, und sie alle empfanden seines Vorsatzes wegen Mitgefühl für ihn, aber eine Stellung in Chu war immer noch nicht zu finden. Daraufhin wollte sich Fangrong dorthin durchbetteln und zog Erkundigungen ein. Weil er sich schon ein halbes Jahr in der Hauptstadt aufhielt, versetzte er seine Kleider, um seine täglichen Ausgaben zu bestreiten, und hatte viele Schulden. Der Herbergswirt mahnte dringend wegen der Kosten für die Unterkunft. Inzwischen war man im 12. Monat (Januar 1813).

In der Hauptstadt befand sich gerade ein Herr Geng Xingxiu aus Fangrongs Heimatort, der auf eine Vakanz wartete. Da er sehr freundschaftlich im Umgang war, ging Fangrong zu ihm, trug ihm seine Angelegenheit vor und bat um eine kleine Unterstützung, damit er die Hauptstadt verlassen konnte. Weil das Jahr eben zu Ende ging, verabredete Geng mit ihm, sie wollten zu Anfang des 1. Monats darüber beraten. Als die Zeit heran war und Fangrong wieder hinging, traf es sich, dass Hofbeamte da waren, also führte der Pförtner Fangrong in ein Nebenzimmer, wo mehrere Gäste aus seinem Heimatort warteten, darunter auch ein gewisser Dai Baode, der mehr als sechzig Jahre zählte und mit Fangrongs Vater zusammen in Guizhou zu Gast gewesen war. Weinend schlug Fangrong vor ihm mit der Stirn auf den Boden und bat, er solle ihm sagen, wo sein Vater in der Fremde begraben lag. In diesem Augenblick kam Geng dazu und erklärte genauer, worum es ging.

Baode griff Fangrong unter die Arme, half ihm auf und sagte: „Du also bist der Sohn von Zhou Wenrong, bist jetzt erwachsen und willst nach Chu gehen, um deinen Vater zu suchen. Das ist sehr pietätvoll. Aber von der Hauptstadt bis nach Guizhou sind es mehrere tausend Li zu Wasser und zu Lande. Deinem Aussehen nach bist du ein bejammernswerter armer Gelehrter und kannst mit deinem leeren Magen den Weg hin und zurück nicht bewältigen. Das ist die erste Schwierigkeit. Guizhou war im 55. und 56. Jahr des Sechzigerzyklus (1798/1799) von den Unruhen der Sekte des Weißen Lotos betroffen, Stadtmauer und Wohnhäuser wurden allesamt zerstört. Wer sich heute dort aufhält, sind umherziehende Obdachlose. Dein Vater wurde ohne große Umstände zwischen allen möglichen Gräbern bestattet, wie willst du ihn nach den Kriegswirren noch finden? Das ist die zweite Schwierigkeit. Als vaterloser Sohn, der seiner Familie vorsteht, ruht die Verantwortung für den Hausstand auf dir. Oberhalb von Yichang ist der Chang Jiang außerordentlich gefährlich, und beim kleinsten Unfall mit dem Boot wirst du zum Futter der Fische und Schildkröten. Auch wenn du aus Pietät dein eigenes Leben geringschätzt, worauf soll deine werte Mutter hoffen, die auf deine Rückkehr wartet? Das ist die dritte Schwierigkeit. Aus heutiger Sicht ist es des beste, wenn du einstweilen nach Hause zurückkehrst und in aller Ergebenheit für deine Mutter sorgst. Ich war lange Zeit Beamter in Jiangxia, und viele meiner Besucher kommen aus Guizhou. Ich werde mich für dich bei ihnen erkundigen, und sobald eine Spur gefunden ist, gebe ich dir Bescheid. Dann ist es immer noch früh genug, um hinzufahren und zu suchen."

Fangrong hörte noch immer nicht auf zu weinen, und nun berichtete Geng von seiner Absicht, sich dorthin durchzubetteln. Daraufhin sagte Baode seufzend: „Dumm bist du, dumm! Und doch einzigartig in all deiner Dummheit. Aber wenn du diesen pietätvollen Vorsatz gefasst hast, will ich mir etwas ausdenken für dich. Der jetzige Polizeichef und Gefängnisdirektor in Guizhou, Herr Zhong Guangfan aus Jiangning, ist mein Freund. Ich werde dir einen Brief geben, mit dem du ihn aufsuchst. Herr Zhong ist ein rechtschaffener Mensch, er wird dich nicht hintergehen."

An diesem Tag regte Geng an, Fangrong das Reisegeld zu schenken. Der Finanzkommissar Yuan Bingzhi wie auch der stellvertretende Minister Zhao Bingchong gaben etwas, und es reichte aus, um einen bescheidenen Reisebedarf anzuschaffen. Am Tag darauf brachte Dai den Brief und außerdem ein Blatt mit der Reiseroute. Dazu sagte er: „Westlich von Hankou ist die Beschreibung ganz präzise, so dass du keine Sorge zu haben brauchst, dich zu verirren. Meiner alten Eltern wegen habe ich gebeten, mich an einen Ort zu versetzen, wo ich ihnen nahe bin, darum werden wir uns in der Heimat wiedersehen, wenn du zurückkommst." Dann gab er ihm noch gute Ratschläge, ehe er ging. Fangrong verabschiedete sich von Herrn Geng und packte seine Sachen, um sich nach Hankou aufzumachen.

Zusammen mit Fangrong wohnte ein gewisser Zhang, der aus Jinling stammte und Pförtner in einer Präfekturverwaltung gewesen war. Er kannte sich in den Amtshäusern von Qi und Lu gut aus und war jetzt in der Hauptstadt gestrandet. Er sagte zu Fangrong: „Ihr versteht Euch aufs Schreiben und Malen, wisst aber nicht, wo Ihr eine Anstellung finden sollt. Ich habe viele Bekannte, verfüge jedoch über nichts, womit ich mich empfehlen könnte. Wenn wir zusammen südwärts reisen, ist uns beiden geholfen. Außerdem gibt es in Nanjing viele Boote aus Chu, so dass Ihr im Handumdrehen dorthin gelangen könnt."

So verließen sie am 24. Tag des 1. Monats des 18. Jahres (24. Februar 1813) gemeinsam die Hauptstadt. Was Fangrong unterwegs mit Pinsel und Tusche verdiente, reichte eben für sie zum Leben. Als sie nach Linhuai Guan kamen, ging Zhang fort, um einen Freund zu besuchen. Fangrong saß allein im Gasthof und gab sich trüben Gedanken hin. Plötzlich fiel ihm ein, dass sein Landsmann Shi Benquan Studiendirektor in Yingshang war. Warum sollte er ihn nicht besuchen und sich zugleich nach dem Weg nach Chu erkundigen? Also trennte er sich von Zhang.

Seitdem Fangrong die Hauptstadt verlassen hatte, war er täglich bei Wind und Wetter unterwegs. Er musste mal Kälte und mal Hitze ertragen, mal hungerte er, und mal war er satt, seine Energie schmolz von Tag zu Tag dahin. Von Linhuai bis Zhengyang Guan war er vier Tage mit dem Boot unterwegs. Kaum war er im Gasthof eingekehrt, wurde ihm schwindlig, und sein ganzer Körper glühte wie Feuer. Als er mehrere Sheng Brunnenwasser getrunken hatte, wurde sein Geist etwas klarer, doch am nächsten Tag war er so krank, dass er nicht aufstehen konnte. Es war eben Anfang des Sommers, und zwischen Huai und Si grassierte eine Seuche. Die meisten, bei denen sie am Morgen zum Ausbruch kam, waren am Abend tot. Als der Wirt sah, dass Fangrong krank war, hatte er Angst, ihn bei sich zu behalten, und wollte ihn in einen benachbarten Tempel schaffen lassen, der seit langem verfallen und herrenlos war. Dorthin brachte man Durchreisende, die erkrankten, und es war keiner darunter, der daraufhin nicht gestorben wäre.

Da sagte Fangrong: „Ich bin im Grunde genommen nur ein einsamer Fremder, und Eure Bedenken sind ganz natürlich, aber meine Krankheit ist wohl heftig, doch mein Sinn ist noch klar. Wenn ich ärztliche Hilfe bekomme, kann ich geheilt werden. Überdies habe ich eine große Aufgabe zu erfüllen. Wenn Ihr mir den Nachbarschaftsvorsteher ruft, werde ich ihm die Umstände darlegen."

Als der Nachbarschaftsvorsteher bald darauf eintraf, erklärte ihm Fangrong, dass er auf dem Wege nach Chu sei, um seinen Vater zu suchen, und einen Umweg gemacht habe, um in Yingshang Herrn Shi zu besuchen. Dann holte er den Brief von Herrn Dai sowie zwei Barren Silber aus seinem Reisesack hervor und sagte: „Hieran hängt mein Leben. Weil ich Angst habe, der Brief könnte während meiner Krankheit verlorengehen, vertraue ich ihn Euch an." Anschließend zeigte er auf das Silber und setzte hinzu:

„Dies kann verbraucht werden, um meine Krankheit zu behandeln. Falls ich mich nicht wieder erhole, kann es für meine Totenkleider und den Sarg dienen. Wenn Leute aus Songjiang hier durchkommen, weist Ihr den Brief vor, und es findet sich bestimmt jemand, der den Sarg in meine Heimat zurückbringt."

Als der Nachbarschaftsvorsteher den Brief las, veränderte sich seine Miene, und er holte einen Arzt aus der Nachbarschaft. Dieser war ein Examenskandidat aus Shouzhou und ein Schüler von Herrn Shi. Als er den Brief las, staunte er nicht wenig, erkundigte sich nach den näheren Umständen und sagte dann: „Das ist ein Verwandter meines Lehrers und ein äußerst pietätvoller Sohn. Sein Zustand ist bestimmt nicht besorgniserregend. Ihr solltet nichts übereilen."

Es waren viele Leute dabei, die zusahen, und sie alle drängten den Gastwirt, er solle Fangrong im Haus behalten. Es war dann nicht mehr die Rede davon, ihn wegbringen zu lassen.

Herrn Shis wegen behandelte der Arzt Fangrong nach besten Kräften und kam täglich zwei oder drei Mal zu ihm. Nach sieben Tagen ging das Fieber etwas zurück, und allmählich konnte Fangrong wieder einfache Reissuppe essen. Nach weiteren sieben Tagen war die Krankheit geheilt. Fangrong hatte es eilig, sich auf den Weg zu machen, doch als er sich in der Zugluft den Kopf rasieren ließ, brach die Krankheit erneut heftig aus. In der Folge wurde er durchs Essen wieder krank oder durch Überanstrengung, und nicht früher als in der ersten Dekade des 6. Monats (Anfang Juli) konnte er wieder gehen. Da war er schon volle zwei Monate in Zhengyang guan, und sein Reisegeld wie auch seine Kleider waren verbraucht. Also ging er zu Fuß nach Yingshang und suchte dort Herrn Shi in der Schule auf. Als dieser sah, dass Fangrong durch die Krankheit zum Skelett abgemagert war und keine heilen Kleider mehr am Leibe trug, hinderte er ihn entschieden an der Weiterreise und sagte, sein zweitältester Sohn Xiwen werde zur Prüfung nach Jiangning reisen, und wenn er bei ihm auf dem Boot mitführe, sei es ein Leichtes für ihn, nach Songjiang zu gelangen. Des toten Vaters wegen die Fürsorge für die lebende Mutter zu vernachlässigen, sei nicht die Handlungsweise eines pietätvollen Sohnes.

Als aber Fangrong unbeirrbar bei seinem Vorsatz blieb, empfand Shi aufrichtiges Mitgefühl für ihn und ließ ihn etliche Kalligraphien und Bilder anfertigen, die er dann mit seiner eigenen Visitenkarte zusammen vom Schuldiener zu den Examenskandidaten tragen ließ, die bei ihm studierten. Diejenigen von ihnen, die darauf reagierten, schickten drei bis vier Qian Silber oder auch fünf bis sechs. Zusammen ergab das mehr als zwanzig Liang, mit denen sich Fangrong Kleider und Schuhwerk anschaffte, ehe er von Herrn Shi Abschied nahm und weiterzog.

Der Weg von Yingshang nach Hankou führt durch die Shang-, Luo-, Huang- und Ma-Gebirge hindurch. Auf der gesamten Strecke gibt es nur wenige menschliche Ansiedlungen; steile Hänge und riesige Berge ziehen sich über mehr als tausend Li hin und sind mit Pferd und Wagen nicht zu passieren, nur im Bambustragstuhl kann man sich dort befördern lassen. Aber die Kosten dafür betragen tausend Bronzemünzen pro Tag; wer nicht begütert ist, kann sich das nicht leisten. Überdies hatte die herbstliche Hitze noch nicht nachgelassen, Kräuter und Bäume standen im üppigsten Wuchs, seuchenhafte Ausdünstungen und giftige Nebel lösten sich den ganzen Tag über nicht auf. Außerdem waren im Kreis Hua Anhänger einer Irrlehre dabei, Unruhen anzuzetteln, und Bösewichter nutzten die Gelegenheit, um auf Raub auszugehen. So waren die Wege vielfach blockiert. Fangrong aber ging in Hanfschuhen und kurzen Kleidern und legte pro Tag dreißig bis vierzig Li zurück. Wo es keine Herberge gab, übernachtete er unter freiem Himmel im Gras, an einen Stein oder einen Baum gelehnt. Wenn plötzlich Wind und Regen aufkamen, saß er stets völlig durchnässt bis zum Morgen. Einmal übernachtete er unter dem Dachvorsprung eines Hauses in den Bergen und schreckte durch irgend etwas aus den Träumen. Als er wach war, entdeckte er, dass ihm eine lange Schlange, die ein weißes Muster auf schwarzem Grund zeigte, zum Kragen hineingekrochen war und zum Ärmel wieder hinauskroch. Vor Angst wagte er sich nicht zu rühren. Als er nachts unterhalb des Qingshi Ling unterwegs war, leuchteten auf halber Höhe des Berges zwei Lichter. Er glaubte, es seien Menschen, und rief sie an. Da verschwanden die Lichter plötzlich, und er hörte einen wilden Tiger brüllen, der ihm den Weg versperrte. Also verkroch er sich in einem öden Graben, um ihm zu entgehen.

Als sich ein Bergpfad durch den Regen in einen rauschenden Bach verwandelte, ging er mit bloßen Füßen über die spitzen Steine, wobei er sich unversehens dermaßen die Ferse aufschlug, dass sie blutete, ohne aufzuhören. Zu dieser Zeit war er mit mehreren Strohhuthändlern zusammen unterwegs. Als sie in den Marktflecken Wangliu kamen, konnte Fangrong nicht mehr weiter, ein paar andere gingen voraus, aber es dauerte nicht lange, da kamen zwei von ihnen Hals über Kopf zurück und berichteten: „Acht oder neun Li von hier entfernt sind an einer Stelle, wo sich der Weg zwischen Felsvorsprüngen hindurchschlängelt, auf einmal mehr als zehn Männer aufgetaucht, haben mit Schwertern auf uns eingeschlagen und unser Hab und Gut geraubt, dann sind sie verschwunden. Einer von uns ist tot, die andern haben sich irgendwo verkrochen; wir sind weggelaufen und zurückgekommen, um es beim Beamten anzuzeigen." Fangrong erschrak gewaltig. Am nächsten Tag wartete er, bis er viele Menschen als Begleiter hatte, ehe er sich weiterwagte. Die Gefahren, denen er im Gebirge ausgesetzt war, lassen sich gar nicht alle aufzählen.

Als er in Hankou ankam, sorgte schon ein frischer Wind für Kühle. Zuvor hatte ihm Herr Dai in der Hauptstadt eine Beschreibung der Reiseroute geschenkt, in der alles genau enthalten war: die unbedenklichen und die gefährlichen Stellen auf dem Fluss, die Verteilung der Orte, die Haltepunkte und Umsteigeplätze sowie die Reisegelegenheiten und die Übernachtungsmöglichkeiten. Anhand dieser Beschreibung mietete er sich jetzt auf einem Passagierboot mit ein. Als er nach Gong'an kam, stieg der Wasserspiegel so an, dass kein Weiterkommen mehr war. Also machte er einen Umweg über den Dongting-See, um weiter nach Westen zu reisen. Auf dem Boot hielt er sich abseits. Wenn es ans Essen ging, seufzte er, und immer wieder netzten Tränen sein Gesicht. Manchmal schlief er die ganze Nacht hindurch nicht, stattdessen führte er Selbstgespräche. Die Mitreisenden wunderten sich darüber und fragten ihn deswegen, aber er verriet ihnen nicht die Wahrheit.

Als er nach Yichang kam, war sein Reisesack ratzekahl leer, und es mangelte ihm an Essen und Trinken. Er musterte seine Ausrüstung und brachte alles, was auch nur eine Kleinigkeit wert war, in eine Pfandleihe. Dafür bekam er etwas mehr als tausend Bronzemünzen. Nun wechselte er das Boot und machte sich wieder auf den Weg. In dieser Nacht erschien ihm im Traum sein Vater, der so aussah wie einst und ihn warnte: „Wenn ihr morgen an die Untiefen kommt, solltest du auf der Hut sein!" Als sie am nächsten Tag die Untiefe Qing tan passierten, war die Strömung turbulent, und aus den Wellen ragten Felsspitzen hervor. Das Boot prallte dagegen, wurde leck geschlagen und wäre beinahe im Strom versunken. Als die Gefahr vorüber war, beglückwünschten alle einander zur Wiedergeburt.

Am 1. Tag des 9. Monats (24. September) kam Fangrong schließlich unterhalb von Guizhou an. Von Yichang flussaufwärts reihen sich die Untiefen gleich einer Treppe aneinander, und das Wasser stürzt wie von einer Dachschräge herab. Die Stadt Guizhou ist unter Ausnutzung des Steilufers dicht am Fluss erbaut worden, Hahnenschrei und Hundegebell tönen wie vom Himmel herab. Zu Anfang der Ming-Zeit ragte die Stadtmauer hoch empor, später wurde sie von Zhang Xianzhong eingeebnet. Danach schützte man die am stärksten gefährdeten Stellen durch Palisaden, die aber während der Unruhen in jüngerer Zeit niederbrannten. Jetzt baute man die Mauer in Stampflehmbauweise wieder auf, und eben rief die Beamtenschaft die heimatlos umherziehenden Flüchtlinge herbei. Durch gelockerte Vorschriften versuchte sie, mit der Bevölkerung zusammen die Einwohnerzahl zu vergrößern und Vorräte anzusammeln. Dazu wurden die Straßen und Gassen sorgfältiger und ordentlicher angelegt als nach dem alten System.

Fangrong nahm neben der Gebietsverwaltung Quartier, dann suchte er mit dem Brief von Herrn Dai den Polizeichef und Gefängnisdirektor, Herrn Zhong, auf. Als dieser den Brief gelesen hatte, war er sehr erstaunt, las ihn immer wieder und sagte schließlich betroffen: „Seit dem Überfall auf diese Gegend ist die Bevölkerung der Stadt nicht mehr dieselbe wie früher. Nur wenige wissen noch, was vor zehn Jahren war, geschweige denn vor zwanzig. Aus den Gräbern und Grabwächterhütten der Alteingesessenen sind Täler und Hügel geworden, was erst aus den Gräbern von Fremden! Nachdem Ihr einmal hier seid, solltet Ihr Euch von der Reise erholen und dann in der Umgebung der Stadt eine Stelle suchen, wo Ihr ein paar Graswurzeln und einen Brocken Erde einpackt, dann ruft Ihr die Seele zurück und bestattet dieses Päckchen in der Heimat. So braucht Euer pietätvolles Herz kein Bedauern zu empfinden. Wenn Ihr aber die richtigen Gebeine in die Heimat überzuführen versucht, wird das, so fürchte ich wirklich, eine sinnlose Mühe sein."

Als Fangrong ihn beharrlich bat, Nachfrage zu halten, erkundigte er sich bei den Amtsdienern der Gebietsverwaltung ebenso wie in den daoistischen und buddhistischen Tempeln innerhalb und außerhalb der Stadt, aber niemand wusste etwas.

In der Gebietsverwaltung hatte es einen alten Amtsdiener mit Namen Xu gegeben, der während der Unruhen in den Wu-Bergen in Ba Zuflucht gesucht hatte, aber häufig zurückkam, um der Gebietsverwaltung Dienste zu leisten. Als er eines Tages ins Amtshaus kam, war Fangrong eben anwesend, und so fragte Zhong: „Vor zwanzig Jahren war ein Herr Huang Zhongdai aus Zhejiang hier Beamter. Kanntest du ihn?" „Ich kannte ihn", sagte Xu. „Huang brachte einen Sekretär namens Zhou mit, der hier an einer Krankheit starb. Kanntest du ihn auch?" fragte Zhong weiter. „Ich kannte ihn", sagte Xu." „Seinerzeit diente ich als Aufsichtführender und stand allen Amtsdienern vor. Herr Huang kam im 6. Monat hier an und brachte drei Sekretäre mit: Dai, Xu und Zhou. Zhou kam schon krank hier an, ein Knabe versorgte ihn mit Heilkräutertränken. Eines Tages holte mich der Knabe, da lag Zhou schon tot auf dem Bett, in der Hand hielt er noch die Schale mit dem Arzneitrunk. Herr Huang war damals mit Dai zusammen in die Provinzhauptstadt gereist, nur Herr Xu besorgte den Sarg und die Totenkleider. Das ist zwar schon zwanzig Jahre her, aber in etwa erinnere ich mich noch daran."

Als Fangrong das hörte, war er zu Tränen gerührt und hörte nicht auf zu weinen. Rasch erkundigte er sich nach dem Begräbnisort, und Xu sagte: „Er ist wohl in Gufen Tang außerhalb des Osttors, etwas links davon gelegen. Nach dem Überfall der Rebellen ist der Ort vermutlich nur noch undeutlich zu erkennen."

Nun sagte Zhong zu Fangrong: „Nachdem Ihr heute einen ungefähren Anhaltspunkt bekommen habt, solltet Ihr dort in die Nähe ziehen. Außerhalb des Osttors gibt es das Taiping-Kloster, dort könnt Ihr unterkommen. Morgen schicke ich Xu, damit er Euch führt, wenn Ihr den Begräbnisplatz sucht."

Also zog Fangrong in das Kloster. Am Tag darauf bat er Xu, ihm den Weg zu zeigen, und sie begaben sich nach Gufen Tang, das ein oder zwei Li von der Stadt entfernt lag. Zwischen kahlen Bergen und wüstem Gras standen auf allen vier Seiten Steine als Markierung der Grenzen. Es war der Ort, an dem reisende Kaufleute zahlreich bestattet lagen.

Gebückt ging Fangrong durch das Gras, fand aber nicht, was er suchte. Am Tag darauf ging er wieder hin und suchte weiter, und als die Sonne bald untergehen musste, sagte er zu sich selbst: „Vier oder fünf Li weit liegen hier zahllose Gerippe, die sich im Laufe der Jahre angesammelt haben. Wahrscheinlich bedarf es der Anstrengungen eines halben Monats, um den Begräbnisplatz zur Gänze abzusuchen. Ich bin von so weit her gekommen, wenn ich die Gebeine meines Vaters nicht finde, stürze ich mich in den Fluss, um zu sterben." Während er so im Zweifel war, erblickte er plötzlich mehr als zehn Schritt entfernt eine Steinplatte, die zur Hälfte im Boden versunken war. Rasch schaufelte er mit den Händen die Erde beiseite und sah sich den Stein an. Es standen drei Zeilen Schriftzeichen darauf. Die mittlere lautete: „Der mittellos verstorbene Zhou Wenrong stammte aus dem Kreis Huating der Präfektur Songjiang in Jiangsu." Die linke Zeile besagte: „Er starb in der Doppelstunde mao (5 – 7 Uhr) am 17. Tag des 9. Monats im 50. Jahr des Sechzigerzyklus (21. Oktober 1793)", und die rechte: „An dem und dem Tag gemeinsam aufgestellt von seinen Kollegen."

Fangrong war überglücklich und traurig zugleich. Er heulte so schmerzlich, dass er nicht aufstehen konnte, und wollte unter freiem Himmel neben dem Grabhügel übernachten. Aber Xu warnte ihn, es gebe hier viele Schakale und Tiger, die häufig am hellichten Tag Menschen anfielen. Dann fasste er ihn unter und brachte ihn in sein Quartier zurück.

Am nächsten Tag eilte Fangrong zu Zhong, und dieser sagte froh zu ihm: „Ihr habt die Gebeine Eures Vaters gefunden. Damit ist Euer großer Vorsatz verwirklicht. Wenn Ihr sie in die Heimat überführen wollt, habt Ihr einen weiten Weg auf dem Fluss vor Euch. Grob gerechnet, kommt Ihr mit weniger als zweihundert Liang Silber nicht aus. Außerdem liegt er schon so lange unter der Erde, dass Ihr ihn besser nicht anrührt. Auch viele der großen Konfuzianer der

Song-Zeit haben ihre Eltern an unterschiedlichen Orten begraben. Die könnt Ihr zum Vorbild nehmen." Aber Fangrong bestand darauf, er wolle die Gebeine seines Vaters nach Hause bringen. Als Zhong sah, dass er ihn nicht davon abbringen konnte, sagte er: „Es ist das beste, wenn ich die Angelegenheit unserem Gebietsvorsteher vortrage." Einen Tag später unterrichtete er den Gebietsvorsteher, Herrn Liu Qingxiang. Liu war gerührt von Fangrongs Vorhaben und befahl, der Nachbarschaftsvorsteher und die Amtsdiener der Gebietsverwaltung sollten ihm helfen. Auch Zhong schickte Leute, um alles vorzubereiten. Sie brachten zwei Kübel mit Wasser, einen Sack aus gelbem Baumwollstoff, mehrere Bogen Ölpapier, acht Bogen Seidenpapier, ein Bündel Seidenwatte, ein Knäuel Schnur sowie Schreibpinsel, Tusche, weißen Baumwollstoff, ein Messer und anderes mehr.

Der Feiertag des 9. 9. (2. Oktober) wurde ausgewählt, um in die Berge zu gehen und die Knochen zu holen. An diesem Tag war der Himmel blau, und die war Luft klar. Fangrong nahm die Opfergaben und ging mit zwei Totengräbern, die er angeheuert hatte, zum Grab. Als sie dort ankamen, waren auch der Nachbarschaftsvorsteher und die Amtsdiener aus der Gebietsverwaltung da. Fangrong baute die Opfergaben vor dem Grabhügel auf, und als dann gegraben wurde, kam der Sarg zum Vorschein. Seine Stirnseite war bereits weggefault, und wo man ihn berührte, zerfiel er. Als man den Sarg zerstörte, wurde das Gerippe sichtbar. Fangrong heulte und wehklagte tiefbewegt. Mit dem Mund packte er das Fleisch seines linken Arms und schnitt mit dem Messer, das er in der rechten Hand hielt, hinein. Weil er zu kräftig schnitt, klaffte die Wunde bis zum Ellbogen. Er schnitt noch einmal, und als das Fleisch den Schädel seines Vaters zwischen Kinn und Kiefer berührte, blieb es sofort daran haften wie Lack. Und als das Blut von seinem linken Arm die Knochen benetzte, drang es tief ein, anstatt abzulaufen. Daraufhin bedeckte er sich die Wunde mit Schlamm und verband sie mit weißem Baumwollstoff.

Auf allen Vieren kriechend, sammelte er die Knochen ein, und die Amtsdiener breiteten das Ölpapier aus, um sie daraufzulegen. Die Totengräber hüllten sie in Watte und wickelten sie in Seidenpapier. Fangrong aber schrieb mit Blut und Tusche auf jedes Paket, wie viele Knochen darin waren. Dann wurde alles in den Sack getan und dieser in eine Steppdecke gehüllt. Mit der restlichen Tusche fertigte Fangrong mehrere Abreibungen der Inschrift auf dem Stein an, um einen Beleg zu haben, wenn er wieder nach Hause kam. Anschließend wurde der Stein in der Erde vergraben.

Die Landschaft von Guizhou ist außergewöhnlich und imposant, vor allem östlich der Stadt. Wegen des Feiertags hatten viele Dutzend Menschen einen Ausflug in die Berge gemacht. Als sie hörten, was sich da ereignet hatte, kamen sie zu dem Gräberfeld, bildeten einen Kreis darum und schauten zu. Und da war keiner, dem nicht die Tränen herunterliefen und der nicht bewundernd geseufzt hätte.

Fangrong trug dann die Knochen ins Taiping-Kloster und hatte vor, durch den Verkauf von Kalligraphien und Bildern für die Heimfahrt zu sorgen. Aber das war ein hoffnungsloses Unterfangen, so waren die Mittel nicht aufzubringen. Ein Kaufmann aus Huzhou, der auch auf dem Ausflug gewesen war, fragte sich zu Fangrongs Quartier durch und sagte zu ihm: „Auf dem Ausflug bin ich dem Militärgouverneur Zhang Tingguo begegnet, der ebenfalls aus Songjiang stammt. Wenn Ihr nicht mit ihm bekannt seid, werde ich Euch vorstellen." Also besuchte Fangrong den Militärgouverneur auf dem Fluss, sie tauschten ihre Erinnerungen aus, und Fangrong legte dar, warum er die Gebeine seines Vaters nicht in die Heimat überführen konnte. Der Militärgouverneur empfand Mitleid mit ihm und versprach, sich darum zu kümmern.

Am nächsten Tag kam Zhong freudestrahlend zu Fangrong und berichtete: „Es hat sich etwas außerordentlich Günstiges ereignet. Gestern fand ein Festessen statt, bei dem alle Zivil- und Militärbeamten versammelt waren. Militärgouverneur Zhang hat Herrn Liu Eure Sache vorgetragen, und Herr Liu hat gesagt, wenn jemand so eine pietätvolle Tat vollbrächte wie Ihr und dann nicht nach Hause zurückkehren könne, sei das eine Schande für die hiesige Beamtenschaft. Und dann hat er als erster fünf Liang Silber gespendet. Die anderen Beamten gaben jeder drei Liang und die drei Amtssekretäre je zwei Liang, so dass mehr als zwanzig Liang zusammengekommen sind. Militärgouverneur Zhang hat zehn Schnüre Bronzemünzen gespendet und lässt Euch von einem Ordonnanzoffizier mit einem Kurierboot bis Hankou bringen. Als Termin hat er festgesetzt, dass die Abfahrt in drei Tagen erfolgt. Ist das nicht außerordentlich günstig?"

Fangrong wusste vor Überraschung nicht, was er erwidern sollte. Zhong ließ ihn dann von einem Diener zu Herrn Liu führen, damit er sich bedankte, und Herr Liu bat ihn in die Bibliothek, wo er ihn beauftragte, das *Buch der Kindespietät* ein paarmal im Kanzleiduktus abzuschreiben. Dazu sagte er: „Dies will ich aufbewahren. Es ist die Handschrift eines pietätvollen Sohnes und wird meinen Söhnen und Enkeln eine Mahnung sein."

Fangrong bedankte sich auch reihum bei allen Zivil- und Militärbeamten. Kurz bevor er abfuhr, brachte ihm Zhong ein amtlich versiegeltes Schreiben von Herrn Liu, das er bei seiner Rückkehr dem Kreisvorsteher von Huating übergeben sollte. Dann trug Fangrong in weißer Kleidung und mit weißer Kopfbedeckung die Gebeine seines Vaters an Bord. Die Einwohner waren vor die Stadt gekommen, um zuzusehen, und drängten sich so, dass sie die Straße verstopften. Das war am 20. Tag des 9. Monats im 18. Jahr der Ära Jiaqing (13. Oktober 1813).

Als das Boot ablegte, stand der Wind günstig, und die Strömung war stark. Innerhalb weniger Tage erreichten sie Hankou. Fangrong schrieb einen Brief, den er dem Ordonnanzoffizier übergab, um sich beim Militärgouverneur zu bedanken. Dann verließ er Hankou auf einem anderen Boot in östlicher Richtung. Die Mannschaft betete im Ruderhaus sehr ergeben zur Gottheit Goldener Drache, und auch Fangrong brannte früh und spät Räucherwerk ab, schlug mit der Stirn auf den Boden und bat um stillschweigende Hilfe.

Nach gut einem halben Monat kam er schließlich zu Hause an und suchte so schnell wie möglich seine Mutter auf. Diese hatte sich zwar fast die Augen nach ihm ausgesehen, war aber nach wie vor bei guter Gesundheit. Dann brachte er die Gebeine seines Vaters in einen buddhistischen Tempel im Osten der Stadt und hängte eine Abreibung der Inschrift des Grabsteins davor. Seine alte Mutter stützend, brachte er weinend ein Opfer dar. Allen, die davon erfuhren, kamen die Tränen.

Anschließend befragte er das Orakel, sorgte neben den Ahnengräbern für Grube und Sarg, und am 9. Tag des 11. Monats (1. Dezember) erfolgte das Begräbnis. Herr Dai Baode, der eigentlich Polizeichef und Gefängnisdirektor in Jinhua war, hatte sich Urlaub geben lassen, um seine Eltern zu besuchen, als Fangrong eben mit den Gebeinen seines Vaters nach Hause kam, und so konnte auch er beim Begräbnis anwesend sein, was beide für sehr erstaunlich hielten.

Als Fangrong zurückgekommen war, hatte er das Schreiben von Herrn Liu bei Herrn Zhou Wei in Huating abgegeben, und nach beendetem Begräbnis ließ dieser ihn ins Amtshaus rufen, wo er nicht müde wurde, ihn zu loben. Was Fangrong getan hatte, halte er für den Ausdruck eines überragenden Charakters und eines tiefen Gefühls, mit gewöhnlichem Alltagsverhalten wäre das nicht zu erreichen gewesen, und er werde die Sache bei Hofe berichten, damit Fangrong geehrt werde, wie es den Bestimmungen entsprach. Dies betrachte er als seine Amtspflicht.

In der Hauptstadt wäre Fangrong beinahe verhungert und erfroren, in Zhengyangguan wäre er beinahe einer Krankheit erlegen, in den Shang- und Luo-Bergen hätten ihn beinahe eine Schlange, ein Tiger oder die Räuber umgebracht, an den Untiefen von Yichang wäre er beinahe durch Schiffbruch umgekommen. So war er mehrmals dem Tode nahe gewesen. Ohne Herrn Geng hätte er die Hauptstadt nicht verlassen können. Ohne den Brief von Herrn Dai wäre es, obwohl er nach Guizhou gelangt war, dasselbe gewesen, als wenn er nicht dorthin gelangt wäre. Ohne das Reisegeld, das er von Herrn Shi bekam, hätte er Hankou nicht erreichen können. Ohne den von Herrn Zhong entsandten alten Amtsdiener, der ihn auf den rechten Weg brachte und sich nach Kräften seiner annahm, hätte er das Grab nicht aufgespürt und den Sarg nicht gefunden. Ohne den Gebietsvorsteher Liu und den Militärgouverneur Zhang, die anregten, für ihn zu spenden, und ihm ein Boot zu Verfügung stellten, hätte er nicht auf dem Changjiang nach Hause zurückkehren können. Dem Tod entrinnen und ins Leben zurückkehren, die Gebeine seines Vaters herbeibringen und sie begraben, um so das Vermächtnis seiner Großeltern zu erfüllen, all das gelang ihm nur dank des seelischen Beistands seines Vaters Wenrong und auf Grund der moralischen Integrität seiner Mutter, der geborenen Wang. Die Tugend seiner Landsleute, Verwandten und Freunde, die ihm aus der Armut halfen und in der Not beistanden und die vor allem seine hervorragende Kindespietät würdigten, ist unerreichbar.

Der Fall ähnelt dem von Huang Xiangjian aus Suzhou, der auf der Suche nach seinen Eltern zehntausend Li zurücklegte. Ich zeichne ihn hier auf, um ihn den Menschen zu übermitteln. Niedergeschrieben von Qian Yong aus Gouwu im 3. Monat des 3. Jahres der Ära Daoguang (April/Mai 1823).

Cuiliu

Wang Ben aus Weiyang rühmte sich seiner Fähigkeiten im chinesischen Schach. Er hatte mit den Großwürdenträgern in der Hauptstadt verkehrt und die Gunst des Kriegsministers N. erlangt, der aus dem Kreis Wuqiao stammte. Seither nannte er sich selbst der „Schach-Wang", und überall an den Schachbrettern, wo man von seinem Auftreten hörte, sank den Spielern der Mut, noch bevor sie sich mit ihm gemessen hatten.

Eines Tages bereiste er die Drei Chu und nahm in Wuchang Quartier. Herr Zhang, der Präfekt, war ein Virtuose im Schachspiel und dem Hölzernen Wildfuchs [so nennt man das Schachbrett] mit Haut und Haaren verfallen. Also spielte er gegen Wang und verlor in drei Partien drei Mal, weshalb Wang triumphierend auf ihn herabsah. Präfekt Zhang grollte ihm und hätte gern jemanden gefunden, der Wang besiegte und ihm dadurch Genugtuung verschaffte, aber es gab niemanden. So saß er spät in der Nacht im Lampenschein, spielte die Partien noch einmal durch, in denen Wang ihn besiegt hatte, und grübelte hin und her, ohne einen Plan ertüfteln zu können.

Ein fünfzehnjähriges Sklavenmädchen namens Cuiliu [Grüner Weidenbaum], das klug und tüchtig war, hatte lange neben dem Präfekten gestanden, um ihm den Tee zu servieren, und sagte endlich: „Die dritte Nachtwache ist schon vorüber, aber noch immer gebt Ihr Euch mit den Spielsteinen ab, anstatt schlafen zu gehen. Eure Gattin wird ungeduldig werden." Als der Präfekt nichts erwiderte, zeigte Cuiliu auf das Schachbrett und sagte: „Wenn Ihr hierher einen Spielstein setzt, seid Ihr in der Offensive." Erstaunt befahl ihr der Präfekt, eine Partie gegen ihn zu spielen, und am Schluss hatte sie gewonnen. Hocherfreut umfasste der Präfekt ihre Knie und sagte: „Mein tüchtiges Kind! Morgen musst du gegen Wang spielen, um meine Niederlage wettzumachen."

Als der Präfekt am Morgen aufgestanden war, ließ er Wang und alle Hausgäste zu sich bitten, baute das Schachspiel auf und sagte: „Heute ist ein Anfänger hier, der eben seine ersten Schritte macht. Ich hoffe, Ihr werdet ihn unterweisen." Wang stimmte bedenkenlos zu, und der Präfekt rief, Cuiliu solle zu ihnen herauskommen. Wang betrachtete sie und sah, dass sie ein aufgewecktes Sklavenmädchen mit Doppelhaarknoten war, das sein Nackenhaar noch nicht aufsteckte. Sie stellte sich vor den Tisch, griff nach den weißen Steinen und sagte: „Ich lasse Euch den Vorrang. Spielt Ihr Schwarz, dann könnt Ihr das Spiel bestimmen und mich schlagen."

Wang nickte. Sie hatten erst drei oder vier Züge gemacht, da wechselte Wang die Farbe. „Ihr seid rot im Gesicht, mein Herr", bemerkte Cuiliu. Sie sah sich alles mit froher Miene an und setzte ihre Steine, ohne viel Aufmerksamkeit darauf zu wenden, womit sie alle Anwesenden zum Staunen brachte. Als nächstes sagte sie: „Ihr schwitzt, mein Herr!" Wang grübelte mit gerötetem Gesicht und zögerte noch länger, ehe er seine Steine setzte. Bei Cuiliu dagegen fielen sie so schnell auf das Schachbrett, wie sich ein Raubvogel auf die Beute stürzt, und die Steine klapperten im selben Rhythmus, wie Cuiliu lachte. Wang wirkte wie eine Holzpuppe und wusste erst recht nicht mehr, wohin er die Steine setzen sollte.

Cuiliu griff sich an den Phönixhaarschmuck und fragte: „Wisst Ihr, mein Herr, der Ihr sitzt, jetzt auch, wie schwer einem das Stehen fällt?" Alles lachte darüber, Wang aber war ganz niedergeschlagen, weil seine Schlachtordnung sich auflöste. Dann nahm ihm Cuiliu in der Nordwestecke des Schachbretts mehr als zehn Steine ab, und nun sah das Brett wie ein quadratischer Teich aus, in dem nur noch ein paar weiße Seidenreiher standen.

Cuiliu verbarg ihren Mund hinter dem langen Ärmel und sagte: „Ihr verliert, mein Herr! Ihr verliert!" Und sie verschwand schnellen Schritts in den inneren Gemächern. Wang guckte ratlos und wusste sich nicht zu helfen, die Partie konnte er nicht beenden. Er eilte in sein Quartier zurück, und am nächsten Tag reiste er ab.

Der kesse Chu

Der kesse Chu, der mit Rufnamen Yu hieß, sah blendend aus und war auch pfiffig und leichtfertig. Man nannte ihn einen schönen Knaben. Er sang gut und verstand sich aufs Flötenspiel. Zu Hause war er in Jiangning. Als seine Eltern früh starben – der Vater hatte sich den Titel eines Studenten der Reichsuniversität erkauft –, ging er nach Hangzhou, wo ein Neffe seiner Großtante, der mit Familiennamen Li hieß, Beamter war. Bei ihm suchte er Zuflucht.

Weil Li sah, dass Chu schön und begabt war, ließ er ihn als Verwandten mit in den inneren Gemächern verkehren und behandelte ihn herzlich. Nach einem Monat trug Chu prächtige Kleider, wurde drinnen von einem Schwarm von Sklavenmädchen umringt und draußen von einer Dienerschar begleitet, ganz wie ein richtiger Herrensohn. Wenn sonst nichts zu tun war, ließ sich Lis Gattin zur Zerstreuung von Chu Geschichten erzählen, und wenn sie ihn in klaren Mondnächten beim Wein zu vorgerückter Stunde die Flöte spielen oder Lieder singen ließen, war das Vergnügen vollkommen.

Als Chu frisch angekommen war, ging es ihm nur darum, dass er es warm hatte und satt wurde. Nachdem er nun ein warmes Plätzchen und satt zu essen hatte, wollte er auch seinen Spaß haben. In Lis Amtssitz gab es ein sechzehnjähriges pausbäckiges Sklavenmädchen, das Weiyun [Wölkchen] hieß. Li hatte immer vorgehabt, sie zu verführen, aber wegen der ständigen Eifersucht seiner Frau kam er nicht an sie heran. Weiyun war ein gewitztes Ding. Weil sie sah, dass Chu ein junger Bursche war, hatte sie ihn, hinter Lis Frau stehend, treuherzig angeschaut, und er hatte sich betören lassen. An einem verschwiegenen Ort rief er sie zu sich, und sie kam näher. Aber kaum dass er intim werden wollte, gab sie ihm eine schallende Ohrfeige und verschwand. Von weitem zeigte sie mit der Hand auf ihn und hörte nicht auf, ihn laut auszulachen. Das war der Spott, den sie auch mit ihrem Herrn trieb und dem dieser hilflos ausgeliefert war.

Chu überlegte, wie er ihr beikommen könnte. Gewitzt wie sie war, konnte er sie nicht mit Gefühl umgarnen, nicht mit Gewalt beugen, nicht mit Worten überreden und schon gar nicht mit Gewinn verlocken. Und so beschloss er, sich zu beherrschen und sie nur von fern zu belauern, sie aber nicht zu necken, wenn er sie traf. Nur in seinem Bibliothekszimmer sammelte er allerhand neuartige und unterhaltsame Gegenstände: halb erblühte Blumen und erfrischende Früchte ebenso wie europäische Kupferstiche, automatische Figuren, Sturmlaternen und Ferngläser. All das füllte mehrere Wände. Vor dem Bett aber lockten schwatzende Papageien und Häherlinge. die geeignet waren, einem die Langeweile zu vertreiben. Wenn man dazu noch ein Saiteninstrument zupfte, klingelte es einem richtig in den Ohren.

Eines Tages kam Weiyun zur Bibliothek und rief von draußen: „Junger Herr, könnt Ihr mir nicht einen Papagei borgen? Ich spiele ein Weilchen mit ihm, dann bekommt Ihr ihn zurück." Chu hielt eben eine Katze auf dem Schoß, die er ganz und gar blau gefärbt hatte. Als Weiyun sie sah, kam sie herein und sagte: „Wie merkwürdig, dass eine Katze diese Farbe hat!" Chu legte die Arme um die Katze und wollte sie Weiyun nicht sehen lassen. Als Weiyun seine Arme wegzuziehen versuchte, packte er sie und wollte mit ihr schlafen. Weil Weiyun sich nicht losreißen konnte, sagte sie: „Am hellichten Tag mache ich so eine schmutzige Sache nicht. Wollen wir uns nicht heute Nacht im Kanariennusshäuschen treffen?" Dieses Gartenhaus stand an der Westseite des Amtssitzes und war ein stiller Ort.

Spät am Abend schlich sich Chu dorthin. Um diese Zeit schien der Mond mit schwachem Schein in den Raum. Chu sah, dass jemand in strahlender Nacktheit auf dem Bett lag, und nahm an, es sei Weiyun. Er zog sich aus und näherte sich ihr, da umarmte ihn die Gestalt auf dem Bett auch schon. Dann aber ließ sie ihn erschrocken los und fragte:

„Wer bist du?" Chu erkannte, dass es Li war, und redete sich heraus: „Ich erfahre so viel Fürsorge von Euch, die ich durch nichts vergelten kann, darum möchte ich Euch meinen plumpen Schweinekörper darbringen. Ich hoffe, Ihr werdet ihn lächelnd annehmen."

Li war tatsächlich auch andersherum interessiert, hatte aber einem Verwandten gegenüber nicht übereilt zu handeln gewagt. Als Chu sich jetzt selbst anbot, war er sehr erfreut. Chu seinerseits kannte sich aus und verstand es, die Wünsche eines Höherstehenden herauszufinden, so dass sie keine Schwierigkeiten hatten, einig zu werden.

Ursprünglich hatte Li gewollt, dass Weiyun zu ihm kam, aber sie hatte nicht nachgegeben. Dann wollte Chu sie verführen, und daraufhin hatte sie es sich anders überlegt und sich erst mit Chu und dann mit Li verabredet. Dabei hatte sie sich schon gedacht, dass Li an Chu Gefallen finden würde.

In der Folge wurden Li und Chu die innigsten Freunde und übernachteten immer im äußeren Bereich. Das Gesinde ärgerte sich darüber und meldete es Lis Gattin. Die schlich sich dann eines Tages zusammen mit Weiyun vors Gartenhaus, leckte das Fensterpapier an und schaute lange zu, was die beiden trieben. Als sie wieder zurück waren, sagte sie: „Kein Wunder, dass die heutigen Männer Männer lieben und Frauen geringschätzen! Wenn man danach geht, wie der kesse Chu sich krumm macht, wie er sich ins Zeug legt, wie er gleich einem Hündchen um Gnade bettelt und wie eifrig beide mit den Händen und den Mündern sind, muss das großen Spaß machen. Aber wie sollte ich dabei mittun?" Fortan verabscheute sie Chu und wollte ihn nicht länger im Amtssitz ihres Mannes dulden.

Li gab Chu heimlich hundert Liang Silber und schickte ihn weg. Chu kehrte nach Hause zurück, und nachdem er das Silber verbraucht hatte, war er arm. Daraufhin wurde er Schauspieler. Jemand sah ihn mit vierzig Jahren geschminkt auf der Bühne, und da soll er immer noch verführerisch schön gewesen sein.

Die Falkenjagd

In den nördlichen Provinzen gibt es neuerdings eine Sorte von Menschen, die immer und überall auf Betrug aus sind. Stets geben sie ihre Ehefrau oder Tochter als Witwe oder Jungfrau aus, um sie zu verkaufen. Der Trick besteht darin, dass man sie für einen geringen Preis bekommt, und kaum ist man dann mit ihr zu Hause und lässt es ein wenig an Wachsamkeit fehlen, nutzt sie eine günstige Gelegenheit, um wegzulaufen. Während sie in Wirklichkeit zu ihrem Mann beziehungsweise Vater zurückkehrt, kommt der ins Haus des Käufers und presst ihn auf jede erdenkliche Weise aus. Das nennt man Falkenjagd. Es ist wohl so gemeint, dass der Falke den Hasen greift, aber zurückkommt. Selbst wenn man ihn bis zu den Wolken fliegen lässt, hat man doch einen Weg, ihn zu behalten.

Ai aus dem Kreis Nangong in der Provinz Zhili war zwanzig Jahre alt und noch ledig. In einem Unglücksjahr war er in die Hauptstadt gegangen, um als Diener zu arbeiten. Nach mehreren Jahren hatte er ein kleines Vermögen zusammengespart und machte Pläne für die Heimkehr. Er nahm Abschied von seinem Dienstherrn, packte seinen Besitz ein, kaufte einen kleinen Esel, und als er das träge Tier auf der langen Straße mit der Peitsche antrieb, fühlte er sich froh und zufrieden.

Es war an einem Frühlingsabend, und als er in den Kreis Xian kam, erblickte er schon aus der Ferne Reihen frisch ergrünter Weidenbäume, die mit kühlem Schatten lockten. Am Straßenrand stand ein alter Mann, neben ihm saß auf einer Baumwurzel eine junge Frau von blühendem Aussehen, die eine blassgrüne Jacke, schwarzseidene Hosen und kleine weiße Schuhe trug und bitterlich weinte. Neben ihnen war eine rundbäuchige Eselstute angebunden und zupfte Gras. Als Ai auf seinem Esel vorbeikam und dieser die Eselin erblickte, begann er laut zu schreien. Ai stieg aus dem Sattel, um zu rasten, und bat den Alten um

Feuer für die Pfeife. Der Alte schlug Feuer und reichte es ihm.

Nun erkundigte sich Ai, wohin sie unterwegs seien, und der Alte berichtete, er habe seine Tochter abgeholt, um sie nach Hause zu bringen. Die junge Frau warf Ai einen Blick aus den Augenwinkeln zu und wandte sich wieder ab, der Alte aber ließ plötzlich seufzend den Kopf sinken. „Wenn Eure Tochter nach Hause kommt, ist das ein freudiges Wiedersehen", sagte Ai. „Warum seid Ihr stattdessen traurig?" „Woher seid Ihr?", fragte der Alte. „Aus Nangong", gab Ai ihm Auskunft.

„Da sind wir Nachbarn", sagte der Alte. „Ihr könnt das nicht wissen, meine Tochter war hier in Xian mit jemandem verheiratet, der sehr arm war. Vergangenes Jahr ist er gestorben, Kinder haben sie keine. Ich lebe in ständiger Not, und meine Frau liegt schon unter der Erde. So sind wir beide gleichsam einsame Seelen, die zu niemand gehören. Auch bin ich schon so hinfällig, dass ich heute nicht weiß, was morgen mit mir sein wird. Und darum jammern wir uns gegenseitig etwas vor."

„Warum sucht Ihr nicht einen neuen Mann für sie?", fragte Ai. „Ich bin arm, und meine Tochter lebte hier in Xian", sagte der Alte. „Wer bemüht da schon eine Ehevermittlerin?" „Aber es gibt viele Männer im Reich, die keine Frau haben", ließ Ai nicht locker. „Keine Frau bleibt ohne Mann. Ihr solltet schleunigst jemanden suchen." „Seid Ihr verheiratet?", fragte der Alte. „Nein", verriet Ai. „Ich habe noch keine Frau." „Wir sind ja Nachbarn", fuhr der Alte fort. „Wenn Euch mein Töchterchen nicht zu hässlich dünkt, will ich sie Euch zur Frau geben." Ai zuckten vor Freude die Brauen, als er sagte: „Ich kehre eben aus der Fremde nach Hause zurück und bin in Eile. Was soll da als Bekräftigung der Absprache dienen?" „Darüber können wir reden, wenn wir im nächsten Gasthof sind", sagte der Alte.

Er nahm seine Eselin beim Strick und half seiner Tochter in den Sattel. Ai führte seinen Esel ebenfalls am Strick und ging mit dem Alten zusammen hinterher. Die junge Frau hatte ihn lange angesehen, und er wandte kein Auge von ihr. Der Alte schien davon nichts zu bemerken und blieb allmählich immer weiter zurück. Plötzlich drehte sich die junge Frau im Sattel um und lächelte Ai zu, und Ai fing ihren Blick ein. Wenig später verbarg sich die Sonne im Westen, Rinder und Schafe kehrten von der Weide zurück.

Als sie in ein Dorf kamen, kehrten sie zusammen in einem Gasthof ein und bekamen drei zusammenhängende Zimmer, ein großes in der Mitte und zwei Nebenräume, die nach Osten und Westen davon abgingen. „Hier müssen wir nicht mehr Mein und Dein unterscheiden", legte der Alte fest. „Wir sind eine Familie und können im Ost- und Westzimmer übernachten." Ai nickte zustimmend. Die junge Frau ging ins Westzimmer, Ai trug das Gepäck ins Ostzimmer, und der Alte lief immer wieder hinaus. Mal verhandelte er mit den Leuten über das Futter für die Esel, mal kümmerte er sich ums Abendessen.

Während Ai im Zimmer mit seiner Kleidung und dem Bettzeug beschäftigt war, forderte ihn die junge Frau mit der Frage heraus: „Warum hat das mittlere Zimmer eine Tür, die Nebenzimmer aber nicht?" „Wenn man zusammenlebt, braucht man einander nicht auszusperren", gab Ai zur Antwort. Die junge Frau lachte spöttisch, da kam der Alte wieder herein und stellte das Essen auf den Tisch. Der Wirt brachte eine Lampe, dann aß der Alte mit Ai zusammen. Anschließend nahm er eine Hälfte der Speisen und brachte sie seiner Tochter, die im Westzimmer aß. Ai trank mit dem Alten, und als er angetrunken war, brachte er das Gespräch wieder auf die junge Frau.

„Ein Versprechen ist tausend Liang Silber wert", sagte der Alte. „Wie könnte es mich jetzt reuen?" Und er rief seine Tochter, damit sie mit Ai zusammen in das Ostzimmer ging und beide dort ein Paar wurden. „Hier unterwegs wollen wir keine großen Umstände machen", sagte er. „Wenn wir morgen zu Hause sind und du nimmst sie mit zu dir, könnt ihr das Ritual nachholen." Ai erhob sich, um dem Alten die Ehre zu erweisen, die einem Schwiegervater gebührt, aber der Alte wehrte ab: „Nicht nötig! Ich bin betrunken und möchte schlafen." Damit stand er auf und ging ins Westzimmer, wo er dann wohlig schnarchte.

Ai räumte die Weinbecher weg, schloss die Tür und ging mit der Lampe ins Ostzimmer. Die junge Frau saß noch auf der Kante des Ofenbetts, blickte Ai an und nickte ein paarmal. Dabei pochte sie mit dem Fuß gegen die hölzerne Bettstütze. Ai legte das Gewand ab, näherte sich der Frau und wollte sie küssen, aber sie presste die Lippen zusammen und ließ es nicht zu. Da sagte Ai: „Der Himmel hat uns füreinander bestimmt." „Ich fürchte, es ist menschliche Berechnung, die uns zusammengebracht hat", erwiderte die Frau. Ai zog ihr das Obergewand aus und erblickte ihre duftigen weißen Brüste, die weich und lieblich waren. Nun wollte er auch ihren Unterkörper frei machen, aber das Hosenband war so fest verknotet, dass er es nicht aufbekam. Erregt klagte er: „Wo finde ich eine scharfe Schere aus Bingzhou, um dieses Band zu zerschneiden?" Und er packte den Knoten mit den Zähnen. Aber sofort fiel er besinnungslos zu Boden. Der Alte hatte wohl den Knoten mit einem Betäubungsmittel versehen, weil er erwartete, dass sein Opfer hineinbiss. Jetzt kam der Alte ins Ostzimmer herüber, legte Ai aufs Bett und nahm sich sein Vermögen.

Kaum dass der Morgen graute, stand der Alte auf und schirrte den Esel an. Und weil er sah, dass Ais Esel kräftiger war, zog er ihn aus dem Stall, lud ihm das Gepäck auf und befahl seiner Tochter aufzusteigen. Dann teilte er dem Wirt mit: „Mein Schwiegersohn schläft noch. Sein Reittier lasse ich hier. Ich breche mit meiner Tochter schon auf." Der Wirt, der nichts ahnte, ließ ihn im Licht der Sterne ziehen.

Als es Mittag war und der Gast noch nicht aufstand, um sich auf den Weg zu machen, und auch auf Rufe durchs Fenster nicht antwortete, wurde der Wirt unruhig und ging hinein, um nachzusehen, und da schlief der Gast immer noch. Nachdem ihn der Wirt eine Weile gerüttelt hatte, kam er zu sich und sagte: „Ich habe verschlafen." Dann erkundigte er sich nach seiner Frau und seinem Schwiegervater, und der Wirt sagte: „Eure Gattin und Euer werter Herr Schwiegervater sind noch bei Nacht aufgebrochen."

Als Ai hastig aufsprang und in sein Kästchen schaute, fand er es leer. „Wie konntet Ihr zulassen, dass diese Räuber mein Silber stehlen?", warf er dem Wirt vor. „Gestern Abend waren sie noch Eure Frau und Euer Schwiegervater", gab der Wirt zurück. „Und jetzt, nachdem sie fort sind, haltet Ihr sie für Räuber. Was, wenn sie noch hier wären? Hieltet Ihr sie dann nicht immer noch für Eure Frau und Euren Schwiegervater? Oder vielleicht doch für Räuber?"

Ai wusste ihm nichts zu erwidern, also machte er die schlappe Eselin marschfertig und lud ihr sein Bettzeug und seinen Reisesack auf. Dann verließ er niedergeschlagen das Dorf. Plötzlich trottete die Eselin nach Westen. Ai zerrte am Halfter, aber die Eselin wollte nicht auf dem Weg bleiben, schlug aus und lief weg. Ai eilte ihr ärgerlich hinterher, stieg in den Sattel und ließ sie laufen. Jetzt lief sie sehr flott, kannte anscheinend den Weg und war nicht zu zügeln, worüber Ai sich sehr wunderte. So durchquerten sie mehrere Dörfer ohne Aufenthalt. Nach zirka dreißig Li kamen sie in ein Dorf, das halb versteckt an einem Berghang lag und nur aus wenigen Hütten bestand, die mit Gras oder Schilf gedeckt waren. Plötzlich ging die Eselin durch das Tor eines Flechtzauns, und als Ai eben absteigen wollte, erblickte er die junge Frau, die im Hof stand. Kaum dass sie ihn sah, sagte sie: „Gut, dass du kommst, Lieber! Ich will mit dir gehen!"

Ai wollte mit ihr streiten und sie befragen, aber sie sagte: „Du musst nicht krakeelen! Mein Vater betreibt die Falkenjagd und hat damit schon oft junge Leute hereingelegt, die auf Reisen waren. Du bist nicht der einzige. Ich hatte dabei wirklich nicht mittun wollen. Heute können wir es uns zunutze machen, dass mein Vater weit nach dem Markt unterwegs ist und erst am Abend wiederkommt. Dein Silber liegt im Bambuskorb, dein Esel steht im Stall. Ich stecke zu mir, was an Wertsachen da ist, und gehe mit dir. Das ist es, was der Himmel bestimmt hat, wie du es sagtest, und was mit menschlicher Planung nicht vorauszusehen war. Wenn wir zögern, könnte etwas Unvorhergesehenes dazwischenkommen."

Jetzt freute sich Ai. Die Frau ging ins Haus und steckte das Silber ein, Ai aber schirrte seinen Esel an, und dann beluden sie die Eselin. Gemeinsam verließen sie das Dorf, stiegen auf die Tiere und ritten peitscheschwenkend davon. Mit Ais Esel zusammen lief die Eselin wieder gehorsam, wie man es von ihr verlangte. Also ritt das Pärchen nach Nangong und schloss dort die Ehe.

Ein halbes Jahr später erfuhr der Alte, wo seine Tochter sich aufhielt, und erschien bei Ai. Ai sagte seiner Frau Bescheid, und sie ging zu dem Alten hinaus, um ihm zu sagen: „Der Falke hat den Handschuh des Falkners verlassen und ist dem Hund gefolgt. Den alten Trick mit dem toten Schwiegersohn musst du dir aus dem Kopf schlagen. Also geh wieder heim und stör mich nicht bei der Arbeit." Damit verschwand sie im Haus und kam nicht wieder zum Vorschein.

Der alte Gemüsehändler Li

In Suzhou gab es einen alten Gemüsehändler Li, der sich mit seiner Frau in einem zweistöckigen Häuschen eingemietet hatte. Ihre Nachbarn waren in der Mehrzahl reiche und vornehme Leute, der alte Li war unter ihnen der einzige Höker. Seit dreißig Jahren lebte er einträchtig mit seiner Frau, nie hatte man die beiden schimpfen gehört. Wer weiß, wie viele Leute, die in ihrer Gasse wohnten, durch Krankheit zu Krüppeln geworden, wegen Verarmung fortgezogen oder trotz Reichtum und Vornehmheit weggestorben waren, einzig die Lebensumstände des alten Li blieben stets dieselben. Seit seinem vierzigsten Lebensjahr hatte er eine Tochter.

Am frühen Morgen, wenn Frau und Tochter noch fest schliefen, nahm der alte Li barfuß und mit einem großen Bambushut auf dem Kopf die leere Kiepe auf den Rücken und ging zur Stadt hinaus, um ein paar Bund Gemüse einzuhandeln, etwa Lauch im Frühjahr und Kürbisse im Herbst. Nachdem er seinen Korb gefüllt hatte, machte er in der Stadt die Runde, dann hatte er so viele Bronzemünzen in der Tasche, wie er für die Bedürfnisse eines Tages brauchte.

Wenn er nach Hause kam, war der Nachmittag noch nicht um. Frau und Tochter waren eben aufgestanden und hatten sich gewaschen, und auch der alte Li wusch sich jetzt. Nach dem Essen schlenderte er in den Bergen oder am Wasser umher und trank etwas bitteren Tee oder wässrigen Wein. Wenn er wieder nach Hause kam, stieg der Mond über dem Häuschen empor. Dann erzählte er die unglaublichsten Bühnenstücke nach, und sie lachten ein Weilchen fröhlich darüber. Es war ganz so, als säße Zhu Daosheng auf einem Stein und trüge das Mahayana vor oder als lehre der edle Asvaghosa das Vivara, so vermochte er seine Angehörigen zu überzeugen.

Ein reicher Mann namens X kannte Li sehr gut und schätzte ihn deshalb als Mensch. Eines Tages sprach er zu ihm: „Wenn Ihr einen Tag lang nichts tut, habt Ihr einen Tag lang nichts zu essen. Ich will Euch reichlich Silber leihen, mit dem Ihr einen vielfachen Gewinn erzielen könnt, um Euch durch einmalige Anstrengung für immer ein behagliches Leben zu sichern." „Mir ist nur geringes Glück beschieden", erwiderte Li. „Ich würde das, fürchte ich, nicht verkraften."

Als aber seine Frau davon erfuhr, freute sie sich und stachelte ihn an. Li ließ sich bereden und holte das Silber. Von nun an rechnete er nur noch und war ohne Rast und Ruh auf den Beinen. Beim ersten Hahnenschrei stand er auf, und bei Sonnenuntergang war er noch nicht wieder zu Hause. Als seine Tochter sah, wie erschöpft er war, sagte sie: „Warum seid Ihr nicht arm und fröhlich wie ehedem, Vater? Dies ist nicht der Weg, das Alter zu genießen. Verzichtet doch, bitte, auf den Reichtum und seid wieder arm!" Aber der alte Li verstand es nicht, den Rat anzunehmen und die Last abzuwerfen. Er starb schließlich an der Schwindsucht und hatte nicht einmal einen Sohn, der um ihn trauern konnte.

Ach, welch eine Macht der Veränderung geht doch von der Möglichkeit aus, Gewinn zu machen! Gerade nach dreißig Jahren moralischer Integrität konnte der alte Li nicht anders, als diese für den Rest seiner Tage aufzugeben, so dass ihm alles andere egal war.

Die bunten Boote vom Perlfluss

In Meister Zous *Literarischen Skizzen über die Freude am Leben* heißt es über die Boote von Jiangshan: Alle Familien, die in Jiangshan nahe am Wasser wohnen, schaffen sich ein großes Boot an, mit buntbemaltem Bretterwerk und hellen Fenstern, prachtvoll und geräumig. Der Vater bewegt das Heckruder, die Mutter steuert, die Söhne ziehen das Treidelseil, die Töchter kochen das Essen. Die Töchter erlernen auch von klein auf das Musizieren, Singen und Tanzen, und sobald sie sechzehn sind, lässt man sie Gäste empfangen. Mit ihren Reden scheinen sie einem nahezukommen und bleiben einem doch fern. Sie sind allein oder zu zweit, zu dritt oder zu viert, und alle sind prächtig herausgeputzt, um ihre Gäste zu betören und ihnen große Summen zu entlocken. Die reichen Kaufleute gehen stets mit leerem Beutel an Land und ärgern sich.

Was Meister Zou nicht wusste – die bunten Boote auf dem Perlfluss in Guangdong sind noch schlimmer.

Ein alter Amtssekretär namens Shen, der aus Yixing stammte, war in seiner Jugend nach Guangdong gekommen. Sein Leben lang hatte er weder einen Fuß über die Schwelle eines Bordells gesetzt noch geheiratet. So hatte er sich seine Jungfräulichkeit bewahrt. Wenn er sah, wie die jungen Leute ins Freudenviertel gingen, schnaubte er verächtlich, und wenn er getrunken hatte, brüstete er sich, hinsichtlich der Tugend der Standhaftigkeit gegenüber der Lust, wie der Herr der Welten Tathagata sie besaß, habe er schon die Stufe eines Bodhisattva erreicht und sei dank seiner Selbstkultivierung jedem anderen überlegen.

Im Laufe der Jahre hatte er von seinem Gehalt etliche tausend Tael Silber zusammengespart. Er war also gutbetucht, aber zu seinen Dienern war er streng und knauserte bei jeder Kleinigkeit. Eines schönen Tages wollte er in seine Heimat zurückkehren, fruchtbares Ackerland kaufen, ein schattiges Haus bauen und dort in Zurückgezogenheit leben, anstatt sich weiter für andere abzumühen. Er hatte von den bunten Booten gehört und fürchtete, auf die dort praktizierten Künste hereinzufallen, darum war er wählerisch und wollte nur dann an Bord gehen, wenn es dort kein einziges weibliches Wesen gab. Eines Tages fand er so ein Boot, also ließ er zuerst seine Kisten und Truhen hinüberschaffen und seine Bücher verstauen, dann verabschiedete er sich von seinen Bekannten, und danach erst durften die Taue gelöst werden. Auf einem Boot fuhr er selbst, auf einem anderen seine Diener. Das Boot war nicht eben prächtig, wies keine besondere Ausstattung auf, und auch die Verpflegung war keineswegs üppig oder reinlich, und so war Shen vollauf zufrieden.

Als sie drei oder vier Li zurückgelegt hatten, erblickte Shen plötzlich eine schöne junge Frau in schmuckloser Kleidung, deren Haar nicht zurechtgemacht war und deren Miene und Haltung einen rührenden Anblick boten; sie öffnete das Fenster der hinteren Kabine, um sich im Fluss die Hände zu waschen, wobei an ihren Handgelenken jadene Armreifen metallisch klirrten. Wütend rief Shen nach seinen Dienern, doch sie antworteten nicht. Er rief den Schiffer und fragte, woher diese Frau komme. Der Schiffer bekam große Angst, warf sich zu Boden und wurde todbleich. Da trat die junge Frau aus der Kabine, grüßte respektvoll und sagte: „Zürnt nicht, Herr, und lasst mich die Sache in Ruhe darlegen. Wenn Hand und Fuß hat, was ich zu sagen habe, lasst mich hierbleiben. Wenn nicht, könnt Ihr mich immer noch fortjagen. Das liegt ganz bei Euch."

„Versuche, es mir zu erklären", willigte Shen ein.

„Ich stamme aus Yixing", begann die Frau unter Tränen. „Mein Familienname ist Liu, mein Kindheitsname Xiaoyu (Kleinjade). Ich begleitete meinen Vater an seinen Dienstort in Guangdong, wo er mich unwissentlich mit einem jungen Mann von schlechtem Charakter verheiratete, der meine Mitgift in die Spielbank trug. Nachdem das Geld alle war, starb mein Mann. Ich kehrte in mein Elternhaus zurück, aber dann starben Vater und Mutter an meines Vaters Dienstort, und ich konnte nur mit größter Mühe ihr Begräbnis bewerkstelligen. Ich bin eine einsame Frau, Witwe und Waise zugleich, und habe Angst, Räubern in die Hände zu fallen, die mich ins Freudenhaus verkaufen könnten. Darum möchte ich in meine Heimat zurückkehren, um mir das Haar abzuschneiden und mich den drei Zufluchten des Buddhismus zu ergeben. Ich hätte gern ein Boot gemietet, aber ich habe kein Geld und auch keine Sklavin zur Begleitung. Doch die weite Reise von tausend Li kann ich schlecht allein unternehmen. Ich wäre mit jemandem mitgefahren, fürchtete aber, das sei zu unsicher. Von Euch, mein Herr, wusste ich seit langem, dass Ihr auf Euch haltet und ein bewundernswerter Mann seid, der bestimmt Mitleid mit meiner Notlage empfinden und mir helfen würde, meinen Vorsatz zu verwirklichen. Außerdem ist eine Muhme von nebenan mit dem Schiffer bekannt, darum möchte ich auf Eurem Boot reisen. Wenn Ihr mir helfen wolltet, würde ich Euch das mein Leben lang vergelten, indem ich jeden Tag vor dem Buddhabild ein langes Leben für Euch erflehe. Solltet Ihr mir nicht gestatten mitzufahren, werde ich meinem Leben ein Ende setzen wie einst Qu Yuan, denn wenn diese Gelegenheit verpasst ist, werde ich nie in meine Heimat zurückkehren können."

Nachdem sie zu Ende gesprochen hatte, weinte sie bitterlich, der Sinn ihrer Worte war auch traurig genug gewesen. Darum hatte Shen schon längst Mitleid bekommen und sagte: „Natürlich kannst du mitfahren, aber du darfst die mittlere Kabine nicht betreten!"

Die Frau versprach es, stand auf und ging in die hintere Kabine, wo sie mit leiser Stimme den Namen Buddhas anrief. Auch der Schiffer bedankte sich kniefällig. Als Shen seine Diener verhörte, schalten diese auf den Schiffer, und so glaubte Shen ihnen.

Während der Reise lobte Shen jede Mahlzeit und jeden Trunk, und der Schiffer erwiderte immer: „Es war das Werk von Kleinjade." Jedes Tuch und jedes Paar Strümpfe, das Shen waschen ließ, lobte er anschließend für seine Sauberkeit, und seine Diener verrieten ihm: „Das hat Kleinjade gewaschen." Als sie am nächsten Morgen zu einem kleinen Dorf kamen, wollte Shen frühstücken und rief nach seinen Dienern, aber sie schliefen noch. Plötzlich hob der Schiffer den Vorhang und brachte ihm Weizenmehlfladen, die sich als frisch und köstlich erwiesen. Als Shen sich erkundigte, woher er sie habe, antwortete der Schiffer: „Kleinjade ist selbst an Land gegangen und hat sie für Euch gekauft."

Eines Tages, als Shen am Morgen noch in seine Bettdecke gehüllt dasaß, war plötzlich ein Plumps zu hören, der Schiffer schrie laut auf und sagte dann: „Kleinjade wollte für den Herrn das Frühstück kaufen gehen und ist auf der Laufplanke ausgerutscht und ins Wasser gefallen." Shen warf sich rasch etwas über, stand auf und öffnete die Kabinentür, um hinauszuschauen. Tatsächlich trieben ein paar Fladen auf dem Wasser, und tatsächlich streckten alle die Hand aus, um der Frau herauszuhelfen. Ihre Kleider trieften vor Nässe, und sie krümmte sich vor Kälte zitternd zusammen. Als sie an Bord war und zur hinteren Kabine ging, hörte Shen, wie der Mann am Ruder mitfühlend seufzte und sagte: „Kleinjade hat nichts zum Wechseln und kann sich nicht umziehen. Wird sie da nicht geradezu vor Kälte sterben?"

Sofort befahl Shen, man solle ihr in die mittlere Kabine helfen, aber sie reagierte nicht darauf, und die Leute taten so, als hätten sie ihn nicht gehört. Als Shen die Aufforderung wiederholte, sagten sie: „Ihr habt befohlen, sie dürfe nicht in die mittlere Kabine, Herr. Wie könnten wir kleinen Leute uns darüber hinwegsetzen?"

„Um meinetwillen ist sie in diese Situation geraten", sagte Shen. „Wie könnte ich da tatenlos zusehen?" Er forderte Kleinjade auf einzutreten, steckte sie unter seine eigene Decke und machte Feuer, um ihre Kleider zu trocknen. Anschließend stand sie auf, zog sich an und ging beschämt in die hintere Kabine, wo sie sich wie üblich zu schaffen machte. Seitdem fühlte Shen sich ihr verpflichtet.

Eines Nachts, als alle zur Ruhe gegangen waren, schien eine Maus in eine Truhe gelangt zu sein, wo sie Kleider und Schuhe zernagte. Shen rief nach seinen Dienern, damit sie die Maus fingen, aber sie antworteten nicht. Schon wollte er selber aufstehen, da sah er, wie Kleinjade mit verschlafenen Augen aus der hinteren Kabine trat. Gekleidet war sie in eine halblange Jacke aus grüner Seide, in der Hand trug sie eine Kerze. „Wo ist die Maus?", fragte sie. Shen zeigte es ihr, und schon hatte Kleinjade sie gefasst und ging wieder hinaus.

Ein andermal war es nachts sehr stürmisch auf dem Fluss, der Mast knarrte, als wollte er brechen, und plötzlich verlosch das Licht, das im Leuchter auf dem Tisch brannte. Shen rief, man solle ihm ein neues bringen, doch niemand antwortete. Und wieder erschien langsamen Schrittes Kleinjade, die einen Lampion trug. Sie hatte eine blassgelbe Jacke übergeworfen, und ihre schlanken Finger, mit denen sie die Kerze neu entzündete, glichen Bambussprossen, ihre Füße ähnelten zarten Trieben. Sie warf Shen noch einen kurzen aufmerksamen Blick zu, dann war sie draußen.

In einer anderen Nacht regnete es heftig, und das Wasser lief durchs Verdeck in die Kabine. Decke und Kissen lagen an einer undichten Stelle, und als Shen an einen trockenen Platz rückte, war es dort bald genauso. Er rief nach seinen Dienern, und sie antworteten nicht. Statt ihrer erblickte er Kleinjade, die mit langsamen Schritten hereinkam, eine kurze Jacke in der einen Hand, eine brennende Kerze in der anderen. Sie kam zum Bett, stieg über Shen hinweg und verstopfte eine undichte Stelle nach der anderen, wodurch augenblicklich kein Wasser mehr eindrang. Vor Anstrengung war ihre Haut mit Schweißtropfen bedeckt, die wie Perlen glänzten, und ihr Atem ging keuchend, als ob sie ersticken müsste. Shen war ihr noch dankbarer als zuvor und hätte sie gern in ein Gespräch verwickelt, aber sie griff rasch nach ihrer Kerze und verschwand.

Am nächsten Tag bekam Shen plötzlich die Ruhr. Seine Diener waren faul und wollten nur schlafen. Er fühlte sich schwach und war voller Selbstmitleid, klagte und weinte sogar. Als Kleinjade das hörte, kam sie in seine Kabine, bereitete Arznei für ihn zu, ging ihm beim Waschen zur Hand und umsorgte ihn höchst aufmerksam. Als er nach einigen Tagen wieder gesund war und die Nächte wieder ruhig verliefen, blieb Kleinjade ungeachtet der Kühle an seinem Kopfende sitzen, anstatt schlafen zu gehen. Shen, der Mitleid mit ihr empfand, griff nach ihrem Arm und sagte: „Du bist zu dünn angezogen und pflegst mich alten Kerl. Ich kann das gar nicht mit ansehen. Warum willst du nicht wenigstens ein Weilchen an meinem Fußende schlafen?"

Kleinjade ließ sich nicht darauf ein, aber als Shen sie in ihre Kabine schickte, gehorchte sie auch nicht. Daraufhin sagte er: „Ich bin schon so alt, und du bist noch so jung. Dem Alter nach könntest du meine Pflegetochter sein. Warum also kannst du nicht bei mir schlafen?"

Kleinjade nickte und legte sich zu seinen Füßen schlafen. Shen verspürte eine Hitze, die jede Wärmflasche übertraf, und außerdem stieg ihm ein seltsamer Wohlgeruch in die Nase. Sein Blut geriet in Wallung, er vermochte sich nicht zu beherrschen. Nach anfänglichem Zögern glitt er neben sie, streichelte und liebkoste ihren Körper und bat stotternd um ihre Liebe.

„Das darf nicht sein!", sagte Kleinjade. „Ich bin eine Witwe, und Euch sehe ich wie meinen Vater an. Ihr habt selbst gesagt, Ihr könntet mich an Kindes Statt annehmen. Wie schmachvoll wäre da so eine Tat!"

Shen drängte beharrlich weiter, aber Kleinjade fragte: „Wenn Ihr mich liebt, was liegt dann daran?"

„Wenn du meine Seele zum Schmelzen bringst, werde ich dir das mein Leben lang nicht vergessen", versprach Shen. „Außerdem bin ich ganz allein auf der Welt und genauso bejammernswert wie du. Wenn du mir diese Wohltat erweist, ist alles, was mein ist, auch dein. Möchtest du vielleicht Hunger leiden, wenn du in Yixing zurück bist?"

Kleinjade erwiderte nichts darauf, und Shen besiegelte seine Liebe zu ihr. Er mochte gar nicht mehr von ihr lassen und sagte fröhlich: „Jetzt erst weiß ich, was die Freuden der Liebe sind. Das ist ja besser, als wenn man zum Fürsten gemacht wird, der über zehntausend Familien herrscht!" Kleinjade aber erwiderte: „Ihr habt meine Reinheit leichtfertig zerstört."

Von nun an lebten sie zusammen wie Mann und Frau, und Kleinjade bekam alle Schlüssel ausgehändigt. Dann musste Shen plötzlich erfahren, dass seine beiden Diener davongelaufen seien. Bald lief auch sein Dienerknabe weg. Kleinjade war darüber sehr erschrocken und verwundert, Shen aber kümmerte sich nicht weiter darum. Seit ihrer Abreise waren schon volle acht Monate vergangen, aber sie waren noch immer nicht am Ziel. Nur Kleinjade drängte zur Eile, Shen dagegen schien es gar nichts auszumachen. Endlich stellte er fest, dass die Silberschatulle vollkommen leer war. Als er Kleinjade danach fragte, sagte sie: „Habt Ihr das vergessen? Einiges haben die Diener mitgehen lassen und der Knabe ebenso. Reis und Feuerholz für die täglichen Mahlzeiten sowie die Medizin für Euch haben einiges gekostet, und auch der Schiffer hat einiges als Fahrgeld bekommen." Dann entdeckte Shen, dass auch die Kleidertruhe leer war, und als er Kleinjade danach fragte, antwortete sie: „Wusstet Ihr das nicht? Als das Silber alle war, sind die Sachen in die Pfandleihe gewandert. Was hätte ich sonst machen sollen? Kommt das Geld vielleicht zurückgeflogen, wenn man es ausgegeben hat?" Von Kleinjades Schönheit betört, ging Shen der Sache nicht nach.

Eines Tages sagte der Schiffer freudig: „Wir sind da!" Shen wollte an Land gehen, aber Kleinjade hielt ihn mit den Worten zurück: „Wohin wollt Ihr gehen? Heißt es nicht: „Kann etwa unter freiem Himmel wohnen, wer kein Haus hat?" Wenn es sich herumspricht, dass Ihr als reicher Mann zurückgekehrt seid, werden alle kommen und um Darlehen bitten. Wer wird Euch glauben, dass Ihr alles schon auf der Reise verbraucht habt? Und wer wird sich darauf einlassen, wenn Ihr bei jemandem borgen wollt? Hier am Ufer wohnt meine Tante mütterlicherseits, ihr Haus ist reinlich und gepflegt, darum ist es das Beste, wenn Ihr Euch dort erholt. Nachdem mir unverdient Eure Liebe zuteil wurde, wird man mir zwar nicht als keuscher Witwe einen Ehrenbogen errichten, aber ich möchte auch keinen anderen heiraten und irgendwo in der Fremde wohnen. Wenn wir auch nur die kahlen vier Wände haben, kann ich doch mit Nadel und Faden umgehen, und es wird wohl nicht dazu kommen, dass wir bei fremden Leuten borgen müssen."

Shen bedachte, dass er seinen Besitz eingebüßt hatte und mit leeren Taschen dastand, also folgte er ihr notgedrungen. Als sie in das Haus kamen, fand er bestätigt, was Kleinjade gesagt hatte. Sie bewohnten dort ein ruhiges Zimmer und lebten still und zufrieden. Kleinjade ging oft reich geschmückt aus, manchmal schlief sie bei Shen, manchmal übernachtete sie auswärts. Shen hatte zwar seine Zweifel an ihr, wagte aber nicht zu fragen und auch nicht auszugehen.

Dann kamen ein paar alte Bekannte zu Besuch, alles hervorragende Amtssekretäre aus Guangdong, die ihn erstaunt fragten: „Warum seid Ihr so schnell zurückgekommen?" Lächelnd fragte Shen seinerseits: „Wohin bin ich zurückgekommen? Wann bin ich zurückgekommen?"

Dabei verhielt es sich so, dass der Schiffer in dem Jahr, das Shen auf dem Boot zugebracht hatte, jeden Tag, während Shen mit seiner Schönen zusammen war, ein Mehrfaches von zehn Li weit gefahren war, um sich dann genausoweit zurücktreiben zu lassen., Die Provinz Guangdong hatten sie nie verlassen, von Zhejiang ganz zu schweigen. Das Haus, in dem sie jetzt wohnten, war Kleinjades Elternhaus, die Männer auf dem Boot waren ihre Brüder, und Kleinjade selbst war ein bekanntes Freudenmädchen. All das wurde ihm jetzt schlagartig klar, und er zwang sich, mit den Freunden darüber zu lachen. In der Folge blieb er dann in Guangdong und nahm seine frühere Tätigkeit wieder auf.

Ein andermal reiste ein hoher Beamter auf einem der bunten Boote an seinen Dienstort und gab dabei fünftausend Taels aus. Nachdem er wieder zu Hause war, erzählte er es seiner Frau. Als sie ihn deswegen auslachte, sagte er: „Lach nicht! Wenn du einmal an meinen Dienstort nachgereist kommst, werden diejenigen, die ich unterwegs sah, wohl auch dein Herz zum Schmelzen bringen, meine Liebe."

Seine Frau lachte lauthals und erwiderte: „Aber ich habe doch keinen Lustzapfen! Kann einer von ihnen vielleicht mein Geliebter werden?"

„So ist das nicht", erklärte ihr Mann. „Unsereiner liebt Schauspielerknaben, und wenn zwei Männer einander lieben können, wird wohl genauso wenig ein Unterschied auszumachen sein, wie wenn zwei Frauen einander lieben."

Seine Frau lachte nur umso lauter und meinte, das sei Unsinn, insgeheim aber verspürte sie ein wenig Eifersucht.

Später mietete der Beamte tatsächlich ein Boot und schickte Dienerinnen, um seine Frau zu sich holen zu lassen. Die Tochter des Schiffers war klug und schön und von angenehmer Wesensart. Sie hatte ausdrucksvolle Brauen und verständnisvolle Augen; ihr Betragen, ihre Worte, ihre Bewegungen – alles rief das Entzücken der Beamtengattin hervor, und sie nahm sie an Kindes Statt an. Am Morgen machte sie ihr Geschenke, am Abend gab sie Festessen für sie. Gold, Jade und Perlen, Seide, Stickereien und Raritäten waren nicht zu zählen. Dabei fuhr das Boot absichtlich langsam und legte pro Tag nicht viel mehr als zehn Li zurück. Kurz bevor sie ankamen, stand die Frau mit leeren Händen da und schuldete mehr als hundert Taels an Fahrgeld. Als ihr Mann, der Beamte, davon erfuhr, schickte er rasch einen Diener mit Silber, um sie auszulösen und zu ihm ins Amtsgebäude zu holen. Als sie dort langsam den Fuß aus der Sänfte setzte und zur hinteren Halle emporstieg, eilte er ihr schon entgegen, klatschte vergnügt in die Hände und fragte lächelnd: „Was sagst du jetzt?"

Die kleine Geschichte von Mary

Mary war ein schönes Mädchen aus England, wie es von aller Welt als etwas ganz Besonderes gerühmt wird. Sie war aus der Hauptstadt London gebürtig und entstammte einer altehrwürdigen Familie, mit der es allerdings etwas bergab ging. Ihr Vater leitete ein College und erfreute sich als Autor eines guten Rufes. Marys älterer Bruder hatte das Examen als Jurist bestanden, und in den öffentlichen Angelegenheiten der Behörden bat man ihn mit Sicherheit um sein Urteil.

Mary hatte von Natur aus einen scharfen Verstand. Den Inhalt eines Buches wusste sie nach einmal Lesen auswendig, Sprache und Schrift der unterschiedlichen Länder beherrschte sie allesamt, ihre besondere Stärke aber war die

Mathematik. Hierzu äußerte sie immer wieder neue Gedanken, und sogar alle mathematischen Koryphäen zollten ihr Respekt. Unter ihren Studienkameraden war ein gewisser John, der von blühendem Aussehen war und sich bestens auf die Geometrie und die Algebra verstand; er hatte denselben Lehrer wie Mary. In der Freizeit stellte jeder von beiden Aufgaben, die sie dann gemeinsam analysierten und lösten.

Marys Gedanken gingen seltsame Wege, und sie war allen anderen weit überlegen. John stand zwar etwas hinter ihr zurück, doch weil sie ihr Wissen von einem und demselben Lehrer bezogen, konnten sie dennoch als gleichwertig gelten. John und Mary verliebten sich ineinander. Sie offenbarten sich ihre Gefühle durch Blicke und legten wechselseitig den Schwur ab, Mann und Frau werden zu wollen. Aber John war der Sohn eines Musikers und somit Marys Familie nicht ebenbürtig. Durch den Befehl der Eltern gehindert, konnten sie nicht so, wie sie wollten.

Im Fernen Westen heiratet man zwar aus gegenseitiger Zuneigung, aber wenn die Familien nicht gleichrangig sind und die Verdienste der Vorfahren zu unterschiedlich, kann man auch nicht überstürzt eine Eheverbindung eingehen.

Doch die beiden Liebenden hingen in ihrer Entschlossenheit nicht weniger innig zusammen als Leim und Lack, und ihr Wille war so fest wie Eisen oder Stein.

Deshalb konnten sie nicht plötzlich voneinander lassen. Als sie erfuhren, aus ihrer Hochzeit könne nichts werden, waren sie beide betrübt, aber sie sagten sich, ehe sie auseinanderflatterten wie Neuntöter oder Schwalben, wollten sie sich erst einmal Seite an Seite tummeln wie ein unzertrennliches Paar. Nur gut ein halbes Li von ihrer Schule entfernt, erhob sich ein zerklüftetes Bergmassiv, das dicht mit Bäumen bewachsen war. Der Berg war nicht hoch, und oben auf dem Gipfel stand ein altes Fürstenschloss, das schon vor langer Zeit eingestürzt war bis auf einige Räume, die Ausflüglern zur Rast dienten. Die Besonderheit des Ortes bestand darin, dass er abgelegen und wenig besucht war.

Deshalb verabredeten sich John und Mary hier, um heimlichen Freuden nachzugehen, und ihre Gefühle wurden nur umso heftiger, ihre Leidenschaft war nicht zu überbieten. So ging es nicht nur einen Tag lang, ihre geheimen Rendezvous wurden zur Gewohnheit, ohne dass jemand anders dessen gewahr wurde, was so flüchtig war wie Blütenschatten, die über eine Mauer streifen.

Als Mary großjährig wurde, gedachten die Eltern sie zu verloben, und der Zufall wollte es, dass sich eben ein Heiratslustiger namens Simon Lee meldete, dessen Familie über einen reichen Besitz verfügte und der auch sehr gut aussah, aber Mary war ganz und gar nicht mit ihm einverstanden.

Ihre Eltern achteten Simon seines Reichtums wegen und schmeichelten ihm deshalb. Sooft er zu Besuch kam, musste Mary erscheinen und sich mit ihm abgeben. Mary war eine blendende Erscheinung. Ihre Wangen glichen Lotosblüten im Wind oder dem frühen Morgenrot, was ihr Aussehen umso reizvoller machte, und so fühlte sich Simon zu ihr hingezogen.

Marys Mutter sprach oft hinter Marys Rücken mit Simon über deren angebliches Einverständnis und machte ihm auch viele Geschenke. Simon aber brachte zahlreiche Gegengeschenke, die Marys Mutter dann stets zu Mary trug, wobei sie immer wieder Simons tiefes Gefühl und seine festen Absichten herausstrich. Dabei sagte sie: „Wie viele Männer findet man schon im ganzen Land, die so jung an Jahren und von so prächtigem Aussehen sind, aus einer mächtigen Familie kommen und so eine hohe Stellung innehaben? Dabei ist sein Wille ganz auf dich gerichtet. So etwas mag einem wohl begegnen, aber bewusst anstreben kann man es nicht. Darf man denn auf eine derart günstige Verbindung einfach verzichten?"

Mary ließ sich bereden, und so wurde die Verlobung geschlossen und rasch ein Hochzeitstermin festgelegt, zu dem sie einen Pastor einluden, damit er im Gemeindesaal ein Gebet sprach und das Paar traute. An diesem Tag kamen alle Freunde zu Gast, der Aufwand an Zeremonien und die Pracht der Ausstattung konnten so schnell nicht ihresgleichen finden.

Als die Gläser geleert und die Gäste gegangen waren, wollte sich der Bräutigam eben ins Brautgemach begeben, als plötzlich ein schmucker junger Mann erschien, der ihn hinaus bat und sagte: „Ich habe Ihnen ein Geheimnis zu entdecken."

Weil Simon den anderen nie zuvor gesehen hatte, war er sehr erstaunt. Da zog der junge Mann einen dicken Brief aus dem Busen und reichte ihn Simon mit den Worten: „Lesen Sie das, dann wissen Sie Bescheid." Und eilig ging er fort. Es war niemand anders als John.

Der Bräutigam ging mit dem Brief in einen anderen Raum, um ihn dort zu lesen. Geschrieben war er mit feinen Buchstaben in schräg laufenden Zeilen und insgesamt so zierlich, dass er von der Hand eines jungen Mädchens rühren musste. Als Simon sich die Unterschrift ansah, entdeckte er, dass der Brief von Mary war. Es war von nichts anderem darin die Rede, als dass man heiraten wolle, was bei Bergen und Strömen, Sonne und Mond beschworen wurde, auch heimliche Begegnungen und verstohlene Liebesbeweise waren in allen Einzelheiten dargestellt.

Unwillkürlich wurde Simons Brust von Zorn erfüllt, und die Wut lenkte seine Finger. Er riss ein Schwert von der Wand, hieb damit auf den Tisch und sagte: „Wie soll ich den Gram in meinem Herzen stillen, wenn ich dieses buhlerische Paar nicht umbringe?" Er holte einen Revolver aus einem Kasten und ging ins Brautgemach.

Mary hatte wohl schon ihren Putz abgelegt, schlief aber noch nicht. Als sie mit einem kurzen Blick erkannte, dass Simon kam, stand sie auf und ging ihm entgegen. Mit einem bezaubernden Lächeln gab sie ihm rasch einen Kuss, und Simon spürte ihren Atem, der an den Duft von Orchideen erinnerte. Als sie ihn mit ihrer Jadewange berührte, deren kühle Haut unvergleichlich glatt und geschmeidig war, überkam ihn ganz von selbst ein tief empfundenes

Gefühl, und er sagte sich: „Es wäre verhängnisvoll, ein Wesen umzubringen, das der Himmel mit solcher Schönheit ausgestattet hat. Mir ist einfach nicht das Glück beschieden, mich daran erfreuen zu dürfen!"

Ohne ein Wort zu sagen, ging er in die Bibliothek, rieb Tusche an und schrieb schnell einen Brief, in dem er sich von Mary verabschiedete. Anschließend steckte er ihn mit dem Brief, den er bekommen hatte, zusammen in einen Umschlag und befahl einer Dienerin, diesen Umschlag Mary zu geben. Dann schloss er die Tür und erschoss sich. Mit einem lauten Geräusch stürzte er zu Boden und hauchte sein Leben aus.

Als Mary den Brief bekam und erkannte, dass ihr Geheimnis aufgedeckt war, warf sie den Brief ins Feuer, um das Beweismittel zu vernichten. Dann schluchzte sie die ganze Nacht hindurch, wälzte sich von einer Seite auf die andere und fand keinen Schlaf. Sie dachte daran, sich umzubringen, konnte sich aber nicht dazu durchringen.

Nachdem es hell geworden war, wurde bekannt, dass Simon sich erschossen hatte, und das ganze Haus geriet in Aufruhr. Alle kamen zu Mary gelaufen, um sich zu erkundigen, sie aber beteuerte unter Tränen, sie wisse von nichts.

Wenige Tage später wurde allmählich über Marys Vorleben getuschelt. Mary sagte sich, man werde sie hier nicht dulden, darum kehrte sie ins Haus ihres Vaters zurück, wo ihre Eltern ihr Hausarrest auferlegten. Nach einiger Zeit kam John, um Mary zu besuchen, doch die Eltern befahlen dem Pförtner, ihn wegzuschicken, und sagten Mary nichts von dem Besucher.

Mary war mit sich allein, und in der Abgeschiedenheit regte sich bei ihr ein Gedanke. „Hier in meinem Heimatland wird niemand mehr um mich anhalten", sagte sie sich. „Das Beste ist, ich gehe auf eine weite Reise, um auf andere Gedanken zu kommen. Habe ich nicht immer gehört, China sei ein blühendes Land, weit mehr als Europa? Dort sind die Menschen schön, die Kleidung ist prächtig, die Landschaft ist herrlich, und die Produkte sind vielfaltig –

es ist die Nummer eins auf der Welt." Sie bat also ihre Eltern, eine Schiffsreise in den Orient unternehmen zu dürfen. Die Eltern erlaubten es ihr und gaben ihr zehntausend Pfund Sterling in Gold für die Reisekosten.

Kaum dass Mary an Bord des Schiffes war, sah sie einen Chinesen, der aus England nach China zurückreiste. Er war von kräftiger Statur und vornehmer Erscheinung, gekleidet war er in prunkvolle Gewänder. Vom Kapitän erfuhr Mary: „Er ist ein hoher Mandarin."

Der Chinese war erstaunt über Marys Schönheit und hätte ihr gern seine Zuneigung offenbart. Also wechselte er durch Vermittlung des Kapitäns einen Händedruck mit ihr und brachte seine Verehrung zum Ausdruck. Weil er etwas Englisch sprach und Mary Chinesisch lernen wollte, bat sie ihn täglich um Unterweisung, und so wurden sie vertraut miteinander. Mary erfuhr, dass sein Familienname Feng lautete und sein Rufname Yutian, und dass er in China noch keine Frau hatte. Sie wollte ihn gern heiraten und schlug ihm unter vier Augen vor, sie wollten einen Bund fürs Leben miteinander schließen. Feng lehnte höflich ab, indem er sagte: „Aus Ihrem Heimatland sind Sie anders zu wohnen und zu essen gewöhnt, als es bei uns in China üblich ist. Die Unterhaltskosten wären unermesslich hoch, allein das tägliche Essen würde zehntausend Käsch kosten. Außerdem hapert es daran, dass man nirgends so essen kann. Ich bin armer Leute Kind, und in meinem bescheidenen Zuhause wird ein Phönix wie Sie nicht nisten wollen, fürchte ich."

„Wollen Sie sagen, ich würde Armut und Bitternis nicht ertragen können?", fragte Mary lächelnd. „Lily, unsere Nachbarin zur Rechten, ist die Tochter einer armen Familie. Wie ich gehört habe, hat sie in China eine Mädchenschule aufgemacht und verdient einhundert Taels im Monat, so dass sie selbst für sich sorgen kann. Ich könnte es genauso machen. Außerdem habe ich fünfzigtausend Taels in der Tasche. Wenn ich sie bei einer Bank anlege, um Zinsen zu erheben, brauche ich weder zu hungern noch zu frieren. Warum also müssen Sie sich so viele kleinliche Gedanken machen?"

Feng fügte sich, und so wurden die beiden ein Paar. Ihre Liebe war dann noch einmal so stark, und sie wichen nicht einen Schritt voneinander. In Hongkong angekommen, wollte Mary, dass sie ein Haus mieteten, um sich auf Dauer hier niederzulassen, Feng aber sagte: „Ich bin ein Kind des Nordens und kann die hiesige Hitze nicht ertragen. Das Beste ist, wir siedeln uns in Hangao an, das liegt in der Mitte zwischen Nord und Süd, dort halten sich Wärme und Kälte die Waage."

„Eigentlich würde ich gern eine Reise durch ganz China machen", erwiderte Mary darauf. „Und wo es dann schön ist, dort lassen wir uns nieder."

„Einverstanden", sagte Feng, und so reisten sie über Lu Jiang und Xiepu und dann auf dem Xunyang stromauf bis nach Hangao. Überall, wohin sie kamen, blieben sie einen Monat lang. Anschließend wünschten sie, die Pracht der Hauptstadt zu sehen, und reisten von Zhifu nach Xijin und von dort in die Hauptstadt. Mary war der Meinung, keine Stadt im ganzen Reich könne es an Üppigkeit mit Shanghai aufnehmen, deshalb schlug sie vor, sie sollten wieder kehrtmachen, und dann nahmen sie dort ein Haus.

In der Mathematik verstand sich Mary besonders gut auch auf die Vermessungskunde. Sie konnte bewirken, dass eine Kanonenkugel auch auf weiteste Entfernung ins Ziel traf. Als an der Meeresküste Alarm geschlagen wurde und in den Grenzgebieten Unruhe herrschte, sprach sie zu Feng: „Du solltest dorthin gehen. Dies ist für einen rechten Mann die Zeit, sich an der Grenze Verdienste zu erwerben. Ich bin zwar nicht begabt, möchte dich aber trotzdem begleiten. Wenn es uns nicht gelingt, die Seegrenze zu befrieden, will ich die schwerste Strafe auf mich nehmen."

„Du bist eine schwache Frau", sagte Feng daraufhin zu ihr, „und dennoch bringst du den Mut auf, dich dem Feind entgegenzustellen. Du bist eine moderne Verkörperung dessen, was in den Liedern vom kleinen Streitwagen und vom schwarzbraunen Viergespann zum Ausdruck kommt. Ich aber, der ich nicht einmal an eine Frau heranreiche, bin eine Schande für mein Geschlecht. Und so folge ich dir dorthin."

Sie fuhren also auf einem Kriegsschiff mit zum Min Jiang. Auf dem Wege dorthin entdeckten sie mehrere Piratenschiffe, die eben ein Handelsschiff ausgeraubt hatten und jetzt die Segel setzten, um schnell davonzufahren. Mary maß mit einem Spiegelsextanten die Entfernung und sagte zum Steuermann: „Wir können sie versenken."

Alle lachten sie aus. Da wurde Mary wütend, befahl Feng, mit wieviel Pulver und Kugeln er die Geschütze laden und auf welche Winkel er sie einrichten sollte, dann versenkte sie mit drei Schüssen drei Piratenschiffe. Jetzt wurde sie von allen als Heilige bewundert.

Angesichts dessen, dass die Zeitgenossen sie letzten Endes nicht ihren Fähigkeiten gemäß einzusetzen verstanden, kehrte Mary enttäuscht zurück.

Als John erfuhr, Mary sei in den Orient gereist, glaubte er, sie hätte das seinetwegen getan, weil sie in China keinen Zwängen unterlagen, so dass vielleicht noch Wirklichkeit werden konnte, was sie einander seinerzeit geschworen hatten. Er wollte ihr zu gern nachreisen, litt aber zunächst unter Geldmangel. Also verkaufte er alles, was er besaß und erhielt dafür siebenhundert Pfund Sterling in Gold. Als ihm zu Ohren kam, Mary habe eine große Summe bei sich, war er hocherfreut und sagte sich: „All das viele Geld kann ich verjubeln, wenn ich Mary nur treffe."

Als er ankam, suchte er nach Mary, fand sie aber nicht. Schließlich musste er erfahren, sie habe einen Chinesen geheiratet, und er sagte wutentbrannt: „Warum hat dieses gemeine Weib mich verraten? Leicht wie Weidenflocken und vergänglich wie Blüten ist ihre Treue. Wenn ich ihr begegne, bringe ich sie mit eigener Hand um. Erst wenn ich sie und auch ihn getötet habe, gebe ich mich zufrieden!" Weil er nicht wusste, wie Marys Mann aussah, und fürchten musste, einen Falschen zu ermorden, ließ er sich für viel Geld ein Bild von Feng Yutian besorgen und sah es sich morgens und abends aufmerksam an, ehe er immer wieder auf den großen Straßen Ausschau hielt, um die beiden zu finden und sich Genugtuung zu verschaffen.

Als Mary nach Shanghai zurückkam, erwarb sie ein Anwesen in Hongkou.

Das zierliche Haus war drei Säulenzwischenräume breit, der Garten maß fünf Mu, der Ort war ganz abgelegen und still. Dann stellte sie eine Lehrerin ein, um sich die Schriftzeichen beibringen zu lassen, und schließlich konnte sie mit dem Schreibpinsel umgehen und übte sich in der Kalligraphie. Außerdem wurde sie mit der chinesischen Prosaliteratur vertraut. Ihre Aussprache des Chinesischen klang wie das melodische Flöten eines Pirols, wie die Stimme eines Papageis, der eben sprechen lernt. Hörte man sie vom Nebenzimmer aus, dann merkte man kaum, dass es eine Europäerin war, die sprach.

Mit Feng zusammen bereiste Mary die Provinzen Jiangsu und Zhejiang und kleidete sich dabei chinesisch wie eine Chinesin, wodurch sie doppelt so schön aussah wie zuvor. Ärgerlich war nur, dass ihr Haar etwas blond und ihre Augen ein wenig grünlich waren. Ihre Füße, die unter dem Rock hervorlugten, vertrugen keine einengenden Strümpfe, darum zog sie selbstgefertigte bestickte Schuhe an, die vorn schmal und an den Fersen rund waren. Durch die geschickte Verwendung dicker Sohlen wurde ihr Gang anmutig, und dadurch wirkte ihre Gestalt noch graziler.

Erfreut sagte Feng: „Wenn du bereit bist, in dieser Aufmachung zu bleiben, nehme ich dich mit zu mir nach Hause und behaupte, ich hätte eine Frau aus dem Süden geheiratet. Kein Mensch würde dich durchschauen."

„Ich habe mich nur gelegentlich einmal so angezogen", erwiderte Mary lächelnd. „Es ginge über meine Kraft, wenn ich tagein, tagaus so schauspielern sollte."

Mit Feng zusammen bestieg Mary den Tigerhügel, reiste nach Wuling und fuhr in einem buntbemalten Boot mit Rudern aus Magnolienholz auf dem Mochou- und dem Xizi-See umher. Jeder, der sie unterwegs sah, war erstaunt über ihre Schönheit. Als sie den Garten des Verweilens besuchten, forderten sie die Redakteure Wu Yingzhi und Jin Ruiqing auf, ebenfalls dorthin zu kommen, um gemeinsam zu trinken. Und als sie dabei die Blumen und den Mond bedichteten, konnten die beiden Mary nicht das Wasser reichen und wurden es nicht gewahr, dass sie eine europäische Schöne vor sich hatten.

Eines Tages stieß Mary bei der Lektüre einer Zeitung in einer europäischen Sprache auf den Namen von John, von dem es hieß, er sei auf einem Dampfschiff aus Europa hier angekommen, und unwillkürlich schrak sie zusammen.

Dann sagte sie zornig: „Dieser Mensch hat durch seine Intrige schon meinen ersten Mann auf dem Gewissen, und beinahe hätte er auch mich in den Tod getrieben. Er ist verschlagen und grausam, bestimmt empfindet er keine Spur von Liebe mehr! Hierher ist er jetzt vermutlich meinetwegen gekommen. Aber ich habe meinen Platz fürs Leben gefunden. Wie würde ich noch diesem niederträchtigen Kerl folgen wollen! Wenn er kommt, muss ich ihm in kurzen Worten eine Abfuhr erteilen. Oder aber ich töte ihn unter Einsatz des eigenen Lebens, um für meinen ersten Mann Rache zu nehmen. Dann kann ich diesem vielleicht im Jenseits wieder in die Augen sehen." Marys Entschluss stand fest, und wenn sie jetzt ausging, führte sie unbedingt eine kleine Pistole bei sich, um für alle Eventualitäten gewappnet zu sein.

Der Zufall fügte es, dass der Zirkus Cellini von Australien her kam, und der Strom der mit edlen Rossen bespannten Prachtkaleschen, die zum Zirkus fuhren, riss nicht ab. Auch Feng und Mary machten sich zusammen auf den Weg dorthin.

Als sie eben schnell wie der Blitz oder der Sturm dahinrollten, kam auch John gefahren, und an einer Hauptstraße trafen sich die beiden Wagen. John zog zur Begrüßung den Hut und fragte Mary mit lauter Stimme, wie es ihr ginge. Eine leichte Röte überzog Marys Wangen, aber sie tat so, als würde sie John nicht kennen. John brachte es nicht über sich, von Mary abzulassen. Mal fuhr er vor, mal hinter ihrem Wagen her und fragte dabei immer wieder halblaut nach ihrer Adresse. Mary antwortete nicht auf seine Fragen und bedeutete ihm mit Gesten, er solle sie nicht länger verfolgen. John verbarg seinen Zorn, schwenkte die Peitsche, um sein Pferd anzutreiben, und fuhr geschwind vornweg.

Mary hatte bemerkt, dass Mordgier aus Johns Miene sprach, und wusste so, dass ihr Schlimmes bevorstand. Sie holte ihre goldene Medaillonuhr hervor und sah nach der Zeit. Dann gab sie vor, zu Hause etwas vergessen zu haben, und bat Feng, auszusteigen und ihr den vergessenen Gegenstand zu holen. „Ich warte am Zirkus auf dich", sagte sie. „Du musst einen anderen Wagen nehmen, darfst aber nicht zu schnell fahren!" Mary zögerte eine geraume Weile, ehe sie endlich langsam weiterfuhr. Wenig mehr als hundert Schritt voraus hatte John angehalten und schien auf sie zu warten. Als er sah, dass sie allein kam, glaubte er, sie wolle mit ihm gehen, darum verließ er seinen Wagen und wollte bei Mary einsteigen. Aber sie stieß ihn so heftig zurück, dass er sich den Arm verletzte. Wutentbrannt richtete er den Lauf einer Pistole auf Mary, aber der erste Schuss ging fehl. Eben wollte er zum zweiten Mal abdrücken, da hielt auch Mary ihre Pistole in der Hand. Zwei Schüsse fielen im selben Moment, und beide trafen sie tödlich. Als Feng eintraf, waren „der Jade zerbrochen und der Duft verflogen." Unter Tränen schaffte er Marys Leiche nach Hause, wählte einen Platz, wo er sie begrub, und setzte ihr einen Stein mit der Inschrift „Dies ist das Grab von Mary, einer außergewöhnlichen Engländerin."

Teil III: Historische Skizzen

Kurze Darstellung des Überfalls auf Linqing

[Vorbemerkung:] Linqing ist ein Knotenpunkt der Wasser- und Landwege „links des Gebirges". Es liegt achthundert Li von der Hauptstadt entfernt. Doch unweit dieses Ortes, wo die Händler zusammentreffen wie die Speichen eines Rades und die Läden so zahlreich sind wie die Bäume im Wald, wurden die Desperados der drei Kreise Yanggu, Shouzhang und Tangyi zusammengerufen und strömten herbei wie Ameisen oder Bienen. Zwar hat man sie innerhalb von dreimal zehn Tagen vernichtet, aber Waffen und Feuer haben die Marktdörfer in Ruinen verwandelt. Das Wüten der Räuber sollte von Anfang bis Ende aufgeschrieben werden. Da aber die Armee die vielfältigsten Bedürfnisse hat, könnte das Aufschreiben versäumt werden. Meine Schilderung allerdings ist ungeordnet, ich bin nicht talentiert und besitze nur geringe Kenntnisse, darum können hiermit nur die groben Umrisse bewahrt werden.

[1] Im Herbst des 31. Jahres des Sechzigerzyklus war ich zu Gast in Linqing. Der dortige Gebietspolizeimeister und Gefängnisdirektor Fan Longshan war ein entfernter Verwandter von mir. Er nahm mich gastfreundlich auf und ließ mich im Freizeitbereich des Amtsgebäudes wohnen.

Um diese Zeit wiegelte der Aufrührer Wang Lun mit Hilfe der Irrlehre vom klaren Wasser die Desperados auf und brachte mehrere Tausend Mann zusammen. Heimlich verteilte er seine Anhänger über die beiden Präfekturen Dongchang und Yanzhou. Am 28. Tag des 8. Monats um Mitternacht bemächtigten sie sich der Stadt Shouzhang. Der Kreisvorsteher Shen Qiyi setzte sich in Hoftracht in seine Amtshalle und schmähte die Banditen. Die Banditen schlugen ihm die vier Gliedmaßen ab. Im Dorf Zhangsigu Zhuang im Süden von Linqing wurde von den Banditen alles ermordet und alles geplündert. Das Dorf ist nur 25 Li von der Gebietsstadt entfernt, und so herrschte hier in den Wohnvierteln helle Aufregung.

Oberst Ye Xin, der von „rechts des Stroms" stammte, war alt und krank und hatte keine dreihundert Soldaten unter seinem Kommando. Der Gebietsvorsteher Wang Pu war in die Hauptstadt gereist und noch nicht wieder zurück. Sein Vertreter, der Gebietsvorstehergehilfe Qin Zhenjun, wusste sich keinen Rat. Longshan fragte mich: „Was machen wir, wenn die Räuber kommen?"

Ich erwiderte: „In unserem friedlichen Zeitalter sind diese kleinen Plagegeister nichts anderes als Motten, die sich ins Feuer stürzen. Ihr Ende ist absehbar. Warum also sollten wir uns Gedanken machen? Doch wir müssen gewappnet sein. Es wäre angebracht, zuerst in den Dörfern ringsum anzuweisen, alle Vorräte in die Stadt zu bringen, damit die Banditen sie nicht rauben. Die Wohnhäuser außerhalb des westlichen und des südlichen Stadttors, die sich an die Stadtmauer lehnen, müssen zerstört werden. Es steht zu befürchten, dass die Banditen dort Fuß fassen und auch Feuer legen. Die Einwohner müssen sich in Listen eintragen und auf der Mauer an den Schießscharten Wache halten. Die Aufbauten auf den vier Toren aber müssen Soldaten bewachen. Die Honoratioren sollen jeweils einen Abschnitt übernehmen, in dem sie für die Soldaten und die Zivilbevölkerung Essen kochen, diese Versorgung muss lückenlos sein. An Dingen, mit denen man die Banditen abwehren kann, müssen neben Bogen, Pfeilen, Pulver und Bleikugeln vor allem reichlich Kalk und Steine bereitgelegt werden. Denn auf größere Entfernung macht man von Kanonen Gebrauch, auf geringere sind Pfeile und Steine am günstigsten, und wer mit zurückgelegtem Kopf hochsteigt, den kann man durch Kalk-in-dieAugen-Streuen blenden. Soweit das Allgemeine. Die Abwandlungen, die sich aus der jeweiligen Situation ergeben, kann ich nicht im Einzelnen aufführen."

Darauf entgegnete Longshan: „Ob die Banditen hierher kommen, kann man nicht wissen. Wenn es darum geht, dass zunächst die Vorräte hergebracht und Wohnhäuser zerstört werden – könnte ich denn als kleiner Polizeimeister wagen, Hals über Kopf solche Dinge anzuzetteln?"

Später griffen die Banditen speziell von Süden und Westen an und nutzten die Wohnhäuser als Deckung, so dass sie mit den Kanonen auf der Stadtmauer nicht zu treffen waren. Die Vorräte in den Dörfern ringsum ließ man sie plündern, Kalk und Steine aber wurden zu wenig bereitgelegt, so dass man als Ersatz die Zinnen abriss. Longshan jedoch machte sich anfangs in einem fort über mich lustig, ich sei ein Stubengelehrter, der bei militärischen Angelegenheiten mitreden wolle.

[2] Zuvor war im 5. Monat in den Dörfern ringsum plötzlich das Gerücht aufgekommen „Der Führer der Lehre vom klaren Wasser sammelt Leute, die er schult, und hat den 28. Tag des 8. Monats für die Erhebung ausgewählt."

„Erhebung, was heißt das?" fragte jemand, und die Antwort war: „Beamten umbringen und Speicher plündern."

Man forschte nach, und tatsächlich gab es in jedem Dorf einige Anführer der Banditen, die den Kampf mit Lanze und Stock lehrten und verkündeten, wer eine Schale klares Wasser trinke, brauche neunundvierzig Tage nichts zu essen, darum wurde es die Lehre vom klaren Wasser genannt. Damals wusste man noch nicht, dass der Hauptdrädelsführer Wang Lun war.

Wang Lun stammte aus Yanggu. Er war von hünenhafter Gestalt und hatte einen verschlagenen Charakter, er war stark und verstand sich auf den Faustkampf.

Er war Amtsdiener in der Kreisverwaltung gewesen, hatte sich aber einer Verfehlung wegen Vorwürfe und Tadel zugezogen. Nachdem er so nichts mehr zum Leben hatte, machte er Exzerpte aus medizinischen Büchern und behandelte die Leute bei Furunkulose, wobei er sehr erfolgreich war. Von seinen Patienten wählte er diejenigen aus, die kämpferisch und furchtlos waren, und nahm von ihnen keine Bezahlung. Aus Dankbarkeit wollten sie alle seine Adoptivsöhne und -töchter werden, um ihm die Güte zu vergelten. Um das dumme Volk zu verwirren, behauptete er außerdem, einem ungewöhnlichen Mann begegnet zu sein, der ihm Talismane gegeben habe, mit denen er Geister für die verschiedensten magischen Praktiken herbeirufen könne. Nach mehr als zehn Jahren hatte er Anhänger in allen Kreisen der Präfektur.

Der Kreis Shouzhang grenzt an den Kreis Yanggu. Der Kreisvorsteher Shen Qiyi hatte erst im 8. Monat Wang Luns Aktivitäten herausgefunden und eben ein Schreiben an seinen Kollegen in Yanggu aufgesetzt, er solle ihm Amtshilfe zur Festnahme leisten. Aber seine Unterbeamten und Amtsdiener waren allesamt Anhänger der Banditen, und es waren einige darunter, die sich die Titel Marschall oder General anmaßten. Sie führten dann den Überraschungsschlag. Für den 28. engagierten sie Schauspieler, um vor dem Amtsgebäude zu spielen, schlachteten einen Ochsen und veranstalteten ein Gelage.

Nach Beginn der ersten Nachtwache waren mehrere Tausend Banditen versammelt, die brüllend und lärmend ins Gebäude eindrangen. Kreisvorsteher Shen kam heraus, um festzustellen, ob Glück oder Unglück ihn erwartete, und „Marschall" Li Wang führte die Banditen zu ihm, damit er sich ihnen ergab. Dieser Li Wang war ein Amtsdiener. Shen erkannte, dass nichts mehr zu retten war, also stieg er in Hoftracht in seine Amtshalle hinauf und schmähte die Banditen. Li Wang zog das Schwert, trat vor und sagte: „Heute rebelliert der gemeine Mann gegen die Obrigkeit!" So wurde Shen umgebracht.

Nun hat ein Vorsteher seinen Kreis zu verwalten, und man schätzt ihn für Ansporn und Fürsorge. Noch mehr schätzt man ihn dafür, dass er Übeltäter zur Strecke bringt. Hier aber hetzte das Pack die Leute auf, und er vermochte das nicht zu erkennen. Sogar die Amtsdiener tanzten ihm auf der Nase herum, er aber träumte weiter und wurde nicht wach. Als sich das Gerücht dann bestätigte, vermochte er wieder nicht, der Sache rasch Einhalt zu gebieten, und wandte sich erst noch schriftlich an den Nachbarkreis, aber diese streng geheime Angelegenheit wurde nicht geheimgehalten. Er zahlte mit dem Leben dafür, und der Kreis musste ihm darin folgen. Wenn sich schon ein Kreisvorsteher so verhält, auf wen soll sich der Kaiserhof dann noch stützen?

[3] Weiyi, der Brigadegeneral von Yanzhou, war ein Mandschu und brüstete sich stets mit seiner Tapferkeit und seinem strategischen Geschick. Als er von dem Vorfall erfuhr, führte er dreihundert Mann, die unter seinem Kommando standen, in Eilmärschen heran.

Nach den militärischen Regeln sind Musketen das Geeignete, um Banditen zu töten, und bilden die Spitze. Aber jede Muskete muss von einem Mann mit Schwert oder Lanze geschützt werden. Denn wenn die Muskete abgefeuert ist, braucht man eine Weile, um sie mit Pulver und Blei zu laden und die Lunte zu richten. Derweil ist man ganz auf seinen Beschützer angewiesen, der daneben steht und die Feinde abwehrt. Erst wenn die Muskete wieder feuert, ist man sicher und ungefährdet.

Der Brigadegeneral von Yanzhou hielt die Banditen für einen ungeordneten Haufen und begab sich überstürzt an den Ort des Geschehens. Außerdem waren seine Leute den Banditen zahlenmäßig unterlegen, und daher wurden sie geschlagen. Die Reiter flohen verwundet, von den Fußsoldaten kehrte keiner lebend zurück.

[4] Am 2. Tag des 9. Monats bemächtigten sich die Banditen Yanggus. Yanggu war ihr Sammelbecken gewesen. Alle Unterbeamten und Amtsdiener waren ihre Parteigänger, darum hatten sie es doppelt leicht, sich der Stadt zu bemächtigen. Der Vorstehergehilfe Liu Xidao und der Kreispolizeimeister und Gefängnisdirektor Fang Guangli wurden ermordet. Als diese Nachrichten eintrafen, wurde die

Stimmung der Menschen noch erregter. An diesem Tag erschollen auf der Stadtmauer die Hörner, die Tore waren schon seit Tagen auch tagsüber geschlossen. Auch das Tor der Gebietsverwaltung blieb geschlossen. Wenn jemand hinein- oder hinausgegangen war, wurde es wieder zugemacht.

In der zweiten Nachtwache brodelten innerhalb und außerhalb des Amtsgebäudes die Stimmen. Ich legte mich immer wieder hin und stand immer wieder auf, ich konnte nicht einschlafen. Wenig später rief Longshan aufgeregt: „Das ist doch keine Zeit, um seelenruhig zu schlafen!"

Ich erkundigte mich: „Wie steht es mit den Banditen?" Und er antwortete: „Vor kurzem hat man gemeldet, dass Tangyi gefallen ist. Der Aushilfskreisvorsteher Chen Mei und der stellvertretende Kreisstudiendirektor Wu Biao sind umgekommen. Wer sonst noch ermordet wurde, war nicht festzustellen. Die Banditen stehen zwanzig Li vor der Stadt!"

Rasch stand ich auf und sah Longshan an der Spitze von zehn Amtsdienern hinausgehen, die jeder eine Waffe trugen. Kurz darauf war ich am südlichen Stadttor und suchte ihn. Dort war alles still. Man hörte nur, wie in den Straßen und Gassen die Handglocken geschlagen und die Milizmänner nach den Listen auf die Stadtmauer gerufen wurden. Um diese Zeit hatten sich dunkle Wolken zusammengezogen, und der kalte Wind drang pfeifend in den Busen und in die Ärmel ein. Auf der Stadtmauer war kein Licht zu sehen, nur an ihrem Fuß standen gut zwanzig Pferde angebunden.

Als es hell wurde, kam Longshan wieder und sagte, er habe zuverlässige Nachricht, dass die Hauptmasse der Banditen Liulin besetzt halte, vierzig Li von der Stadt entfernt; eine Splittergruppe halte Cha'an besetzt. Ein Student der Reichsuniversität, ein gewisser Wang, habe seine jüngere Schwester dem Wang Lun als „Herrschergattin „dargebracht. Die Masse der Banditen feiere, gerade führten die Schauspieler Stücke auf.

Gegen Mittag führte Weiyi, der Brigadegeneral von Yanzhou, achthundert Mann Kavallerie und Infanterie heran, mit denen er die Stadt besetzte, um die Banditen zu hindern, weiter nach Norden zu gehen, und die Herzen der Menschen wurden etwas ruhiger.

[5] Chen Mei aus Zhe war als Magister ausgesucht worden, zum Probeeinsatz nach „links des Gebirges" entsandt zu werden. Tang Gui, der Lokalbeamte von Tangyi, war in Begleitung des Beamten, der die Steuerunterlagen überbrachte, in die Hauptstadt gereist, deshalb hatte Chen Mei aushilfsweise das Amt geführt. Eben war Tang zurückgekehrt, und Chen hatte ihm bereits das Siegel übergeben, als das Unvorhergesehene geschah. Es traf sich, dass die beiden, als die Banditen ankamen, getrennt die westliche Stadtmauer verteidigten. Die Mauer fiel, und es mangelte an Wachsoldaten, so dass Widerstand nicht möglich war. Also trieben die Banditen ihre Pferde an und drangen in die Stadt ein.

Chen war dick und von plumper Gestalt. Als die Diener sein Pferd brachten, griffen vier, fünf Mann zu, aber er kam nicht hinauf. Also stützten sie ihn und eilten mit ihm davon. Doch als die Banditen sie bis vor den Konfuziustempel verfolgt hatten, liefen Chens Diener auseinander, und so wurde Chen von den Banditen gepackt und auf den Exerzierplatz gebracht.

Nun hatte der Banditenführer Gui Tai ursprünglich vom Schleichhandel mit Salz gelebt. Vor einigen Monaten hatte Chen ihn gefasst und dazu verurteilt, mit dem hölzernen Halskragen auf der Straße zu stehen. Seine Anhänger hatten ihn entführt, ohne dass Chen davon wusste. Heute wollte Gui seine Wut an ihm auslassen und verabreichte ihm Hunderte von Stockschlägen. Überdies schnitt er ihm das Glied ab und steckte es ihm in den Mund, anschließend schnitt er ihm stückweise das Fleisch vom Leibe.

Waren Gui Tais grausam aufrührerische Verbrechen nicht zahlreicher als die Haare auf dem Kopf eines Menschen?!

Gui Tai hieß ursprünglich Guo Tai, aber weil auch der Provinzschatzmeister so hieß, war er, als er seine Unternehmung betrieb, darauf bedacht, diesen Namen zu meiden. Und weil „links des Gebirges" das Wort *guo* (Land) *gui* ausgesprochen wird, nannte er sich Gui Tai.

Als die Banditen dann gefangen und in die Hauptstadt gebracht wurden, verhörte Seine Majestät sie persönlich und erhielt so einen Bericht über die Mordtaten des Gui Tai. Seine Majestät war sehr zornig und befahl General Šuhede aufs strengste, er solle den Gui Tai unbedingt lebend herbeischaffen. Also wurden die Banditen einer nach dem anderen befragt, aber alle erklärten, sie wüssten nichts über ihn. Als man seine Frau, eine geborene Liu, verhörte, sagte sie aus, nach der Niederlage vom 24. Tag des 9. Monats sei Gui Tai unter Tränen vor sie hingetreten, habe acht Hühnereier aus dem Busen geholt und sie ihr mit den Worten gegeben: „Denk dir selbst etwas für dich aus, ich kann mich nicht mehr um dich kümmern." Dann habe er die Lanze ergriffen und seinen Schimmel bestiegen, habe das schwarze Tuch abgemacht, das er um den Kopf trug, es durch eine Filzkappe ersetzt und sei fortgeritten. Seitdem habe sie ihn nicht mehr gesehen.

Als Wang Lun sich erhob, hatte man in den Dörfern ringsum Wälle errichtet, und wenn die Banditen kamen, wurden Trommeln geschlagen, um die Menge zu versammeln und Widerstand zu leisten. Auch wurden Gruben ausgehoben, und wer sich verdächtig machte, wurde lebendig begraben. Nachdem die Sache beigelegt war, ließ der Gouverneur das Aussehen und die Aufmachung von Gui Tai öffentlich aushängen und befahl Gong Sunzhi, dem Unterpräfekten von Dongchang, überall nach Gui Tai zu suchen. Immer hieß es, er sei da, aber wenn man ihn dann ausgrub und überprüfte, war er es nie. Demnach ist Gui Tai vielleicht nicht ins Netz gegangen, sondern entkommen und brauchte nicht die Bekanntschaft von Block und Beil zu machen.

[6] Am Abend des 5. Tages [des 9. Monats] befahl der Gouverneur Xu Ji, dass der Brigadegeneral von Yanzhou und Yao Lide, der Generaldirektor des Gelben Flusses, in der fünften Nachtwache mit vereinter Kraft nach Liulin ziehen und die Banditen vernichten solle. Der Brigadegeneral von Yanzhou ließ zweihundert Mann Infanterie zur Verteidigung zurück und begab sich mit sechshundert Mann Kavallerie nach Liulin. An diesem Tag gratulierten Armee und Bevölkerung sich gegenseitig, weil sie meinten, für so hohe Beamte wie den Gouverneur und den Brigadegeneral sei eine Rotte von Strauchdieben zu vernichten nicht schwerer, als dürres, faules Holz zu zerbrechen. In Erwartung der Siegesmeldung reckten alle die Hälse, und auch ich trank vor Freude mit Freunden Wein in der Studierstube des Amtssitzes. Wer hätte gedacht, dass nicht die Siegesmeldung eintraf, sondern dass die Banditen am 6. Tag in der Doppelstunde *si* vor der Stadt erschienen! Das hatte niemand geahnt. Longshan war noch mit einem Schreiben des Bezirksintendanten zum Schleusenfluss unterwegs, damit die Fähren zurückgezogen würden. Als er außerhalb der Weststadt zum Hühnermarkt kam, sagten die Marktleute zu ihm: „Geht nicht dorthin, Herr! Die Vorhut der Banditen hat schon den Fluss überquert. Ihr tätet gut daran, schleunigst umzukehren." Er ritt rasch zurück, aber da war das Stadttor bereits geschlossen, und die Offiziere auf der Stadtmauer ließen ihn nicht herein. Gleich aber lärmten die Honoratioren und die Soldaten und sagten: „Polizeimeister ist zwar ein unbedeutender Posten, aber doch ist es ein Beamter des Kaiserhofes, und es gibt keinen Grund, ihn der Gewalt der Banditen auszuliefern, weil er die Stadt dienstlich verlassen hat." Als das Tor geöffnet wurde, damit er hereinkonnte, langten auch die Banditen an.

[7] Das erste, worauf die Banditen stießen, war der Schleusenfluss, der ein Mehrfaches von zehn Zhang breit ist. Zwar waren einige Boote da, aber die Banditen waren sehr zahlreich, also rissen sie die Hütten der Einwohner ab und

schwammen mit Holzbrettern oder Schilfmatten über den Fluss. Andere packten ihr Pferd am Schwanz und ließen sich so gemächlich hinüberschleppen. Hätte man sich mit ein paar hundert Mann am Flussufer in den Hinterhalt gelegt, hätte man das Gros der Banditen vernichten können. Leider gab es damals keine weitreichende Strategie. Man war nur darauf gekommen, die Fähren abzuziehen, an dieses Mittel aber hatte man nicht gedacht.

Am Tage der Ankunft hielten sich die Banditen an eine List ihres „Meisters" Fan Wei. Um die Herzen der Menschen zu gewinnen, töteten und plünderten sie nicht, alle Esswaren tauschten sie zu ihrem Preis ein. Ein Bandit, der jemandes Birnen aß und zu wenig dafür zahlte, wurde sofort geköpft, und der Händler bekam zur Entschädigung den doppelten Preis. Daraufhin glaubte das unwissende Volk, die Banditen richteten keinen Schaden an, und auch wer etwas verständiger war, lebte in den Tag hinein und dachte nicht daran, sich in der Ferne in Sicherheit zu bringen.

Drei Tage später kam die wahre Natur der Banditen vollständig zum Vorschein. Sie plünderten, sie raubten Frauen, und alle wichtigen Straßen ringsum bewachten sie, so dass niemand entkommen konnte. Dann stellten sie Haushalt für Haushalt Namenslisten auf. Wer alt und schwach war, musste Arbeitsdienst leisten. Wer jung und kräftig war, bekam eine Pille, die er schlucken musste, außerdem ein schwarzes Tuch, das er sich um die Stirn binden musste, sowie ein Schwert. Dann musste er mit angreifen und töten. Wer nicht gehorchte, wurde umgebracht. Wie man sich erzählte, geriet das Herz in Verwirrung, wenn man diese Medizin schluckte, so dass man Menschen zu töten vermochte. Mein Landsmann Li Yungong war ein niederer Beamter in der Passstation. Er wurde gefangengenommen und bekam eine Pille, die er in den Mund nahm und zwischen Zähnen und Wange verbarg. Als die Banditen fort waren, spuckte er die Pille aus, und so geschah ihm nichts. Aber seine Mutter und seine Frau wurden einen halben

Monat lang im Lager der Banditen festgehalten. Sie konnten zurückkehren, nachdem die Sache beigelegt war. Dass sie weder von den Banditen umgebracht wurden noch von den Regierungstruppen, war reine Glückssache. Andere, die sich von den Banditen nicht zwingen und nicht entehren lassen wollten und ohne Bedenken der blanken Klinge entgegentraten, brachten als ganze Familie ihr Leben der Moral zum Opfer. Die Menschen unterteilen sich von jeher in tugendhafte und ehrlose, wie könnte man in einem Atemzug über sie sprechen!

[8] Als die Banditen die Stadt angriffen, hatte sie sich schwarze Tücher um den Kopf geschlungen, ihre Kleider und ihre Schuhe waren tuschefarben. Aus der Ferne sahen sie wie böse Geister aus. Dazwischen gab es auch welche, die bunte Bühnenkostüme trugen. Die Waffen hatten sie zumeist aus Militärlagern geraubt. Manche hatten auch Küchenmesser oder Holzfälleräxte an Stangen gebunden. Sie hüpften und schrien und trieben Hexenkünste dazwischen.

Von der Stadtmauer schoss man gleichzeitig „Berge spaltende" Kanonen, fränkische Kanonen und „Berge überquerende Vögel" auf sie ab, die Bleikugeln wogen zwei Liang das Stück, und mit ihrer Gewalt hätten sie Berge zersplittern und Mauern einreißen können. Wer sich ihnen entgegenstellte, musste zermalmt werden. Aber von der Doppelstunde *wu* bis zur Doppelstunde *you* wurde kein einziger Bandit getroffen, darum hüpften und schrien sie erst recht und meinten, die Kanonen seien nicht übermäßig schlimm. Die Soldaten und Bürger, die die Stadt verteidigten, waren erregt und bestürzt, insgeheim fragten sie sich, durch welche Zauberkünste das zustande kam.

Unter den Banditen war einer mit einer Reitjacke aus gelber Seide. Er war der jüngere Bruder des Wang Lun und ließ sich Vierter König nennen. In der rechten Hand hielt er ein Schwert, in der linken ein Fähnchen, so saß er vor der südlichen Stadtmauer, nur wenige hundert Schritt entfernt, und sprach still vor sich hin, man wusste nicht, was. Alle

Geschütze zielten auf ihn, aber die Kugeln schlugen ein, zwei Chi vor ihm ein. Die beteiligten Herren waren entsetzt und wussten sich keinen Rat.

Da ließ ein alter Offizier rasch die Huren auf die Stadtmauer rufen, die ihre Unterwäsche ausziehen und die Scham dem Banditen zuwenden mussten. Dann ließ er die Kanonen zünden, und alle sahen, wie eine Kugel, die schon zu Boden gefallen war, plötzlich hochsprang und den Banditen in den Bauch traf. Sofort erscholl der Jubel der Soldaten und Bürger wie Donnerhall, und den Banditen sank der Mut. Als man merkte, dass es gegen die Hexenkünste der Banditen ein Mittel gab, schickte man noch mehr Huren – junge und alte – nackt an die Mauer. Außerdem nahm man Hühner- und Hundeblut sowie Jauche, band Reisigbesen und besprengte sie damit. Nun gingen die Kanonen jedes Mal los, und jeder Schuss traf. Den Banditen wurden die Köpfe zerschmettert und die Leiber zerfetzt, die Brust durchbohrt und die Rippen durchlöchert. An der Stadtmauer häuften sich Tausende von Leichen. Von nun an hielten sich die Banditen tagsüber verborgen, doch um Mitternacht bündelten sie Hirsestroh, häuften es vor der Stadtmauer auf und zündeten es an. Rauch und Flammen verdeckten den Himmel, und fünfmal wären die Befestigungen auf den Stadttoren beinahe zerstört worden. Dank den Offizieren und Soldaten, die ihr Leben riskierten, um die Brände zu löschen, blieben sie unversehrt.

Eines Abends beluden die Banditen vier große Wagen mit Schießpulver, spannten Ochsen davor und näherten sich. Von der Stadtmauer schoss man mit Kanonen und tötete die Ochsen, so dass die Wagen nicht mehr vorwärtskamen. Dann schleuderte man Brandbomben, um die Wagen anzuzünden, und die Flammen schlugen bis an die Wolken, alle Wohnhäuser wurden eingeäschert. Hätte man die Wagen näher herangelassen, wäre die Befestigung auf dem Stadttor sicherlich vernichtet worden und Stadt nicht mehr zu halten gewesen.

Es gab damals einen militärischen Magister namens Wu Zhaolun, der ein Anstifter der Banditen war. Weil ein Wagen, der mit Ochsen oder Pferden bespannt war, vor Pfeilen und Geschossen nicht zu schützen war, ließ er die Räder abnehmen und an beiden Seiten des Wagens Bretter von drei oder vier Chi Breite anbringen. Das nannte er „Der Vogel Roch breitet seine Schwingen aus". Dann befahl er sieben oder acht kräftigen Männern, unter den Wagen zu kriechen, ihn auf die Schultern zu heben und so vorwärts zu gehen. An der Mauer angekommen, sollten sie die Ladung anzünden und die Befestigung auf dem Stadttor in Brand setzen. Hastig warf man von der Mauer Ziegel und Steine herab, die sich auf dem Wagen im Nu auftürmten. Dem waren die Kräfte der Träger nicht gewachsen, und sie brachen zusammen. An Stricken ließ man Soldaten von der Stadtmauer herab, die sie allesamt töteten.

[9] Außerhalb der Südstadt gab es einen kleinen Turm von mehreren Zhang Höhe, es war der Ort in einer Pfandleihe, wo jede Nacht die Wächter die Klapper schlugen. Die Banditen besetzten den Turm und konnten von oben die Verhältnisse in der Stadt beobachten. Gelegentlich brachten sie auch Gewehre und Pfeile in Anwendung, so dass man ernsthaft darunter litt. Deshalb suchte man nach Leuten, die fähig wären, den Turm in Brand zu stecken. Es fanden sich mehr als zehn Mann, die Strohbündel auf den Rücken nahmen und sich an Stricken von der Stadtmauer herunterließen. Über Mauern und durch Häuser hindurch gelangten sie an den Turm. Zuerst spähten sie durch die Fenster und sahen, dass die meisten Banditen fest schliefen. Nur zwei Mann saßen auf Klappstühlen und tranken, Becher und Teller standen in wüster Unordnung herum. Als das Feuer auflodert, kamen die Banditen schreiend heraus. Drei Frauen von zirka dreißig Jahren, die schwarze Seidentücher um die Stirn trugen und trotz ihrer kleinen Statur voller Energie waren und die auch sehr ordentlich aufgemacht waren, schwangen ihre Schwerter und gaben ihren Pferden

die Zügel. So verfolgten sie die Männer bis unter die Stadtmauer. Auf der Mauer schoss man rasch die Kanonen ab. Da winkten die drei Frauen mit der rechten Hand zur Stadtmauer hoch und preschten wie im Flug von Süden nach Westen davon. Wie es hieß, waren sie die angenommenen Frauen oder Töchter von Wang Lun.

[10] Seitdem Weiyi, der Brigadegeneral von Yanzhou, am 5. Tag des 9. Monats nach Liulin gezogen war, wusste man nicht im Geringsten, wohin er geraten war. Acht Tage lang war die Nachrichtenverbindung mit der Provinzhauptstadt unterbrochen, auch Schriftstücke kamen nicht durch. Linqing stand allein gegen die Banditen, gestützt auf den Zusammenhalt seiner Bürger und die Todesverachtung der Soldaten. Am 14. Tag gelang es dreihundert Soldaten aus Dengzhou, der Garnison zu Hilfe zu kommen. Jetzt erst wurde bekannt, dass die Truppen, die am 6. bei Liulin auf drei Routen gemeinsam die Strafexpedition geführt hatten, erfolglos geblieben waren. Deshalb hatten die Banditen an diesem Tag unter Ausnutzung ihres Sieges Linqing eingeschlossen.

Am 15. traf der Brigadegeneral von Yanzhou, der erneut mehr als tausend Mann zusammengebracht hatte, vor der Stadt ein und schlug sein Lager an der Ausfallstraße nach Südwesten auf. Oberstleutnant Wu Dajing aus Yanzhou, der das südliche Stadttor bewachte, begab sich zu ihm ins Lager und forderte ihn auf, in die Stadt zu kommen, um sie gemeinsam mit ihm zu verteidigen. Aber der Brigadegeneral sagte: „Ich halte den Feind hier für euch fest, die Stadt kann unbesorgt sein. Bei der Schlacht von Shouzhang geschah alles zu überraschend, und bei der Niederlage von Liulin machten wir den Fehler, uns zu schnell zurückzuziehen. Jetzt bin ich gekommen, weil ich Verdienste erwerben will, um die Schmach zu tilgen. Reichen die paar Banditen wohl aus, um auch nur meine Vorhut aufzuhalten?"

Obwohl Wu ihn immer wieder dazu aufforderte, kam er nicht in die Stadt. Wer davon wusste, machte sich jetzt insgeheim Sorgen um ihn. Die Banditen waren zwar nur ein zusammengelaufener Haufen, aber allesamt Desperados. Und wenn man ihren Anhang mitrechnete, waren es mindestens zehntausend Mann.

Da sie viele waren und wir wenig, war das Kräfteverhältnis sehr ungleich. Nach den Regeln der Kriegsführung gibt es wohl den Fall, dass eine Minderheit eine Mehrheit angreift, aber gehörte etwa der Brigadegeneral von Yanzhou zu dieser Kategorie? Drei Tage später kamen die Banditen wirklich mit zweitausend Mann und zwangen ihn zum Kampf. Das war nur gut ein Li vom nördlichen Stadttor entfernt und gut zu beobachten. Die Verteidiger der Stadt waren unbeteiligte Zuschauer und halfen nur durch anfeuernde Rufe. Sie wagten nicht, die Gewehre und Kanonen einzusetzen, weil unsere Soldaten mit den Banditen einen erbitterten Kampf führten und zu befürchten war, dass die Falschen verletzt wurden. Bald darauf kamen Massen von Banditen dazu. Der Brigadegeneral von Yanzhou war dem Ansturm nicht gewachsen. An der Spitze von einigen Dutzend Reitern spornte er sein Pferd an und ritt davon.

Nach drei verlorenen Schlachten wäre es wohl schwer gewesen, den Vorwurf, nicht gekämpft zu haben, zurückzuweisen. Als später der General Šuhede nach Linqing kam, ließ er ihn auf Befehl des Herrschers auf dem Kampfplatz hinrichten.

[11] Vom 15. an trafen nach und nach Hilfstruppen aus den Präfekturen ein, und Soldaten wie Einwohner waren erst recht in Erregung. Es war geplant, sich um Mitternacht an Stricken von der Stadtmauer herabzulassen und einen Überraschungsangriff gegen die Banditen zu führen, aber der Oberst Ye Xin ließ das nicht zu. Er sagte: „Bei der Kriegführung muss man vorsichtig an die Dinge herangehen und sie nach sorgsamer Planung vollenden. Günstig ist nur, dass wir uns entschlossen verteidigen und auf die Ankunft der kaiserlichen Truppen warten. Wenn wir nicht siegreich wären, würden die Menschen den Mut verlieren, und die

Lage der Banditen wäre gebessert. Sind nicht die Niederlage von Liulin und die Belagerung von Linqing ein deutlicher Beweis?"

Ye Xin war wohl ein tapferer Mann, aber er hatte nicht das strategische Geschick eines Beschützers. In der Nacht zuvor, als die Banditen mit Feuer angriffen und die Befestigung auf dem Stadttor beinahe abgebrannt wäre, hatte Ye Xin sich zurückgezogen, um zu ruhen, doch als er Meldung erhielt, kam er eilends herbei. Dabei verrenkte er sich vor Schreck die Hüfte und konnte nicht mehr reiten. Er setzte sich dann täglich in einen Bambustragstuhl und ließ sich von zwei Soldaten tragen, um auf der Stadtmauer seine Inspektionstour zu machen. Sollte er es da noch wagen, sich der Vorhut der Banditen zu nähern und sie zum Gefecht herauszufordern?

Wie ich erfahren habe, verstand sich Ye Xin sehr gut auf die Dichtkunst, außerdem war er geübt darin, große Schriftzeichen zu schreiben. Das zeigt, wie schwer es ist, den Schreibpinsel genauso gut zu beherrschen wie Lanze und Schwert. Hat man seit dem Altertum vielleicht viele Menschen erlebt, die aufs Pferd stiegen und Banditen erschlugen, vom Pferd stiegen und Schriftstücke verfassten?

[12] Als die Banditen [die Präfekturstadt] Dongchang ausspähten, war die Stadtmauer von Dongchang schadhaft, und die Garnison zählte keine fünfhundert Mann. Sie reichte weder zum Kampf noch zur Verteidigung. In der Abenddämmerung erblickten die Banditen einen Mann mit rotem Gesicht und langem Backenbart. Er war mehr als ein Zhang groß und saß auf den Zinnen. Es waren Zehntausende Fackeln und Laternen da. Zutiefst erschrocken sprachen die Banditen zueinander: „Wer sagt, dass es in Dongchang keine Garnison gibt?" Und sie gingen verstört auseinander.

Tatsächlich ist Dongchang ein wichtiger Ort „links des Gebirges", deshalb hatte sich eine Gottheit gezeigt, welche die Gegend schützte.

[13] Als die Banditen kamen, brachten viele ihre Frauen und Kinder mit, überdies Rinder und Schafe, Hühner und Hunde. Ja, einige zwangen sogar ihre ganze Verwandtschaft zum Mitkommen. Sie verbreiteten eine Irrlehre, wonach in ihren Dörfern ein schwarzer Sturm aufkommen würde, dem alle zum Opfer fielen. Deshalb sei es besser, fortzugehen und sich in der Ferne zu verbergen. In siebenmal sieben Tagen könne man sich allem entziehen.

Später wurden die Frauen und Kinder der Banditen mitbestraft. Teils wurden sie als Sklaven zu den Bannertruppen verschickt. Die übrigen durften in ihre Dörfer zurückkehren. Aber wenn auch vom Kaiserhof ein großzügiger Befehl ergangen war, zogen doch diejenigen unter der Bevölkerung, die sich ihrer Pflicht bewusst waren, die Schwerter, schlugen damit auf die Erde und erklärten: „Wie könnten wir diese Aufrührerbrut bei uns dulden und damit die Saat für künftiges Unheil legen!" Und sie erschlugen alle, selbst Kleinkinder wurden nicht verschont.

[14] Die Banditen raubten Tausende Frauen und brachten sie in den Großen Tempel. Der Große Tempel ist ein altes Kloster im Westen der Stadt mit ausgedehnten Räumen und vielen freien Flächen. Die schönsten Frauen nahm sich Wang Lun, die zweitschönsten gab er seinen Anführern als Belohnung für siegreiche Kämpfe.

Als General Šuhede eingetroffen war und die Banditen geschlagen waren, umstellten die Regierungstruppen das Kloster, um es mit Kanonen zu beschießen. Die geraubten Frauen liefen alle hinaus und stürzten sich in den Schleusenfluss, so dass das Wasser stockte davon.

[15] Fan Wei aus Shouzhang war von Kindesbeinen an ein furchtloser und gewalttätiger Taugenichts. Er liebte das Glücksspiel und konnte seine Schulden meist nicht bezahlen. Als er von seinen Gefährten bedrängt und geschmäht wurde, verbarg er sich in Wang Luns Haus. Auf die Dauer schnitt er sich das Haar ab und bezeichnete sich als Mönch,

aber er hatte keinen Meister, der ihn belehrte, deshalb gab es viel Ungesetzliches bei ihm. Er ließ seiner Phantasie freien Lauf und schwatzte von Himmelserscheinungen und Prophezeiungen, um die Massen zu verwirren.

Zu Wang Lun hatte er gesagt: „Ich habe viele Menschen gesehen. Es gibt keinen, der Euch gleichkäme. Wenn es andere Leute bis zum Rang eines Gouverneurs gebracht haben, in Seide gekleidet gehen, sich von Fleisch ernähren und über Leben und Tod entscheiden können, so ist das nur unverdienter Ruhm. Nach Talent und Aussehen stehen sie tiefer als Ihr. Wenn ich für Euch die Pläne entwerfe, könnt Ihr Euch in zehn Jahren Kaiser nennen. Ihr solltet Euch nicht selber im Wege stehen!"

Er hatte Wang Lun auch geraten, tausend Anhänger zu sammeln und sich heimlich in die Hauptstadt zu begeben, um einen Umsturz zu betreiben. Weil die Sache sich verzögerte, wurde dann nichts daraus. Die aufrührerischen Taten des Wang Lun gingen zumeist auf seine Vorschläge zurück. Als die Banditen nachher den Regierungstruppen Widerstand leisteten, dirigierte er sie immer mit einer roten Fahne, die er in der Hand hielt.

Er wurde gefangengenommen und in die Hauptstadt gebracht. Als er bei Hofe verhört wurde, bezeichnete er Wang Lun noch immer als den „neuen Herrscher". In seiner Verblendung und Dummheit glich er dem Banditen Liu Yongming vom Berg Ai aus der Ming-Zeit, der sich noch vor seiner Hinrichtung als „Wir, der Herrscher" bezeichnete. Über beide möchte man sich den Bauch halten vor Lachen.

[16] Meng Can aus Yanzhou war wild und unerschrocken. Bei einem Streit wegen eines Glücksspiels hatte er mit einem Faustschlag einen Gefährten getötet und war nach Chu geflohen. Da er seit jeher mit Fan Wei befreundet war, kam er heimlich zurück, als er von der Verschwörung erfuhr. Wang Lun verließ sich auf die beiden wie auf seine linke und seine rechte Hand und trennte sich keinen Schritt weit

von ihnen. Bei der Eroberung von Shouzhang, Yanggu und Tangyi waren sie ihm am meisten von Nutzen.

[17] Als die kaiserlichen Truppen die Stellung bedrängten und die Lage der Banditen aussichtslos wurde, verschanzten sich Wang Lun und sein Anhang im Anwesen einer Familie Wang. Der Gardeoffizier Yingjitu und der Feldwebel Xian Heling stürzten an der Spitze von mehreren hundert todesmutigen Soldaten hinein und riefen mit lauter Stimme: „Wo ist Wang Lun?"

Wang Lun kam ihnen entgegen, da trat Xian Heling vor und ergriff seinen Zopf, Yingjitu aber packte ihn an der Brust. Sie wollten ihn wohl lebendig abliefern. Die Banditen wehrten sich mit aller Kraft, und unsere Soldaten zogen sich etwas zurück. In diesem Moment erhielt Xian Heling einen Schlag in den Hals, der mehr als ein Cun tief ging. Auch Yingjitu hatte Verletzungen am ganzen Körper, dennoch lagen sie beide mit Wang Lun zusammen auf der Erde und hatten sich untrennbar an ihm festgekrallt. Meng Can zog einen kurzen Spieß und stach auf Yingjitu ein. Er traf ihn an der Kehle, und Yingjitu ließ los. Glücklicherweise kam dann Verstärkung herein, die sich der beiden bemächtigte und sie hinausbrachte. Beide waren sie schwer verwundet, besonders Yingjitu. Er wurde mit einem filzbedeckten Wagen unter Geleit in die Hauptstadt gebracht, starb aber, ehe er dort ankam. Wang Lun wurde nicht mehr gesehen. Später wurde Meng Can als Gefangener in die Hauptstadt übergeführt und mit Fan Wei und anderen auf dem Gemüsemarkt zerstückelt.

[18] Der sechste Yan aus Tangyi hatte ein schwarzes Gesicht und einen krausen Backenbart. Seine Fingernägel waren wie Krallen, darum wurde er unter den Banditen „Tigerkralle sechster Yan" genannt. Seine Familie war reich. Er sammelte Desperados um sich und hortete geschmuggeltes Salz, das er körbeweise auf den Markt bringen ließ, ohne dass ihn jemand zu behelligen wagte.

Fan Wei warb ihn für die Verschwörer. Wenn unter den Banditen von Mut und Kraft die Rede war, wurde der sechste Yan an erster Stelle genannt. Später wurde er durch einen Kanonenschuss getötet.

[19] Der dritte Li aus Tangyi war ungefähr Anfang der Dreißig. Er war acht Chi groß, und die Länge seiner Beine machte mehr als die Hälfte der Körpergröße aus. Er stand täglich mit seiner Schultertrage vor dem Amtsgebäude, sein Gewerbe war der Verkauf von getrocknetem Bohnenkäse. Ich hatte ihn gesehen und hätte ihn nicht für einen Anhänger der Banditen gehalten, dabei gehörte er zu ihrer Vorhut. Im Verlaufe von einem Tag und einer Nacht konnte er achthundert Li weit laufen. Wang Lun schickte ihn in die Hauptstadt, um Erkundungen anzustellen, und er sah, wie General Šuhede an der Spitze seiner Truppen zum Tor Desheng Men hinauszog. Am nächsten Morgen machte er Wang Lun davon Meldung, damit er Vorbereitungen für die Verteidigung traf. Wenn es heißt „Wer lange Unterschenkel hat, ist ein guter Läufer", so ist das wohl nicht verkehrt. Als er gefasst war und in den Gefangenenkarren gesetzt wurde, verlangte er Wein und Fleisch, und als man ihm nichts gab, schimpfte er lang und breit. Er bezeichnete sich wohl auch selbst als den Anführer der Vorhut.

[20] Yang Lei, dessen Wohnort ich vergessen habe, war ein Adoptivsohn von Wang Lun. Er hatte viel Kraft und maßte sich unter den Banditen die Bezeichnung „Gegner von zehntausend Mann" an. Er ritt stets auf einem weißen Maultier und trug eine Lanze aus Eschenholz. Als er mit einem Oberstleutnant aus Zhili kämpfte, waren sie von einer mehrfachen Menschenkette umgeben. Es ging von der Doppelstunde *chen* bis zur Doppelstunde *you*, ohne dass er herauskonnte, und er wurde von einem verirrten Pfeil getroffen und auf dem Kampfplatz enthauptet.

[21] Li Wang aus Shouzhang war ebenfalls ein Adoptivsohn von Wang Lun. Er war bösartig und verschlagen und ein

guter Kämpfer. In der Nacht des 28. Tages des 8. Monats brachte er Herrn Shen um. Schon diese Rebellion gegen die Obrigkeit war ein unverzeihliches Verbrechen. Dann war er noch an der Einnahme von Yanggu und Tangyi sowie an der Belagerung von Linqing beteiligt.

Bei dem Gefecht am nördlichen Stadttor kämpfte, als Weiyi, der Brigadegeneral von Yanzhou, schon unterlegen war und floh, ein Reiter aus seiner Truppe, der mit Familiennamen Zhang hieß und ein pockennarbiges schwarzes Gesicht hatte, nach Kräften und tötete Dutzende Banditen, ohne zurückzuweichen. Die Banditen wussten sich nicht zu helfen, bis sich Li Wang zu Fuß hinter ihn schlich und ihn mit einem Spieß vom Pferd stach. Die Banditen beglückwünschten einander und sagten: „Wenn alle Regierungssoldaten so wären wie dieser Pockennarbige, würde von uns keiner überleben!"

Li Wang war mit Yang Lei zusammen eingekreist, und ihm allein gelang die Flucht. Später wurde er schließlich gefangen, in die Hauptstadt übergeführt und hingerichtet.

[22] Die dritte Frau Wu aus Yanzhou war Anfang Zwanzig. Sie war schön und wohlgestaltet, aber auch von großer Kraft und geübt in der Kampftechnik. Ihr Mann verstand sich auf artistische Darbietungen und hatte sich mit ihr durchgeschlagen, indem sie als Schausteller durch Chu und durch Yu zogen, wobei ihre Fähigkeiten die seinen übertrafen. Als sie an einem Geschwür litt, war sie Wang Lun begegnet, der sie erfolgreich behandelte, aber kein Honorar nahm, ja sie sogar noch unterstützte. Gerührt von seiner Güte, wollte sie seine Adoptivtochter werden und schloss sich seiner Familie an, als ihr Mann starb.

Bei der Eroberung Shouzhangs und der anderen Städte war sie stets dabei und hatte Wang Lun noch über zehn Gefährtinnen zugeführt, mit denen sie früher gemeinsam ihre Vorstellungen gegeben hatte. Wang Lun nannte sie alle seine Töchter, in Wirklichkeit aber lebte er mit ihnen wie mit Frauen oder Nebenfrauen.

[23] Als die kaiserliche Armee Wang Lun in jenem Anwesen der Familie Wang bedrängte, führte die dritte Frau Wu die Frauen beim Straßenkampf, wo im Handgemenge eine nach der anderen fiel. Die dritte Frau Wu, die als einzige zwei Klingen schwang, konnte den Schwertern und Pfeilen widerstehen. Plötzlich sprang sie vom Pferd aus auf ein Dach und vom Dach auf einen Turm, dies war der Turm des Anwesens der Familie Wang, der mehr als zehn Ren hoch war. Die Regierungstruppen umstellten den Turm mit einem dreifachen Ring und zielten mit Bogen und Geschützen auf sie wie auf eine Schießscheibe.

Aber die dritte Frau Wu streifte die Ärmel zurück und bewegte sich wie im Tanz. Sie wurde und wurde nicht getroffen. Als der Abend kam, war die ganze Truppe beunruhigt. Sorgen machte man sich wohl nicht darum, dass sie nicht zu töten sei, sondern dass sie entkommen könnte und nicht mehr zu fassen sei.

Ein alter Offizier schnitt einem toten Banditen die Geschlechtsteile ab und legte sie auf ein Geschütz. Kaum ging es los, da stürzte die dritte Frau Wu zu Boden. Alle schrien auf, so dass es wie Donner tönte. Dann senkten sich die scharfen Klingen alle zugleich, und im Nu war sie zu Brei geschlagen.

[24] Frau Wang, die auch eine geborene Wang war, war eine Schwägerin von Wang Lun. Sie wurde die „Fünfte Heilige" genannt. Sie war über sechzig und hatte den ganzen Kopf voller weißer Haare. Sie war acht Chi groß, ritt zu Pferde und schwang zwei Schwerter. Beim Straßenkampf wurde sie gefangengenommen, und als der Befehlshaber erfuhr, sie beherrsche Hexenkünste, ließ er eine eiserne Kette zwischen den Knochen unter ihrem Nacken hindurchziehen und wollte sie am nächsten Tag in die Hauptstadt schaffen lassen, doch sie starb über Nacht.

[25] Linqing war fast zwei Dekaden lang eingeschlossen. Glücklicherweise war im öffentlichen Speicher reichlich

Getreide eingelagert. Aber während Nahrung im Überfluss da war, reichte das Feuerholz nicht aus, so dass man Häuser abriss und zum Kochen verheizte. Zinngeräte wurden für Kugeln eingeschmolzen, um auf die Banditen zu schießen. Auch die Banditen schossen mit Kanonen auf die Stadt. Ihre Kugeln glichen Hühnereiern und flogen alle über die Befestigung auf dem Stadttor hinweg. Sie schossen auch mit Bogen von zwei Dan Stärke, und die Pfeile sammelten sich auf der Stadtmauer so zahlreich wie die Stacheln eines Igels, aber kein Mensch und kein Pferd wurde getroffen. War das nicht göttliche Hilfe? Ich zog mir Gelehrtentracht an und patrouillierte gemeinsam mit den örtlichen Beamten auf der Stadtmauer. An acht von zehn Tagen kam ich nicht aus den Kleidern.

Am 23. Tag [des 9. Monats] im Morgengrauen war außerhalb des Südtors fortwährend Geschrei zu hören, und ein Kanonenschuss folgte dem anderen.

Es wurde gemeldet, die Truppen des Provinzgouverneurs Xu seien eingetroffen. Sie steckten den Trommelturm in Brand, und die Banditen flohen Hals über Kopf. Die Milizsoldaten auf der Stadtmauer ließen sich an Stricken herab, um mitzukämpfen. Dann erscholl am Nordufer des Kanals Lärm. Aus der Ferne sah man Menschen und Pferde so groß wie Bohnen hin und her eilen. Der Staub verdunkelte den Himmel. Das waren die Truppen des Generalgouverneurs von Zhili. Die Banditen setzten sich im Lotosblütenkloster fest, brachen Löcher in die Mauern und schossen mit Gewehren und Kanonen.

Gegen Mittag kam die Meldung, General Šuhede träfe an der Spitze einer Elitetruppe der Acht Banner ein. Ich eilte rasch zum östlichen Stadttor, um mir das anzusehen. Die Waffen blitzten in der Sonne, die Banner verdeckten die Wolken. Die Pracht eines solchen militärischen Schauspiels bekommt man wahrlich nicht oft zu sehen, wenn man in einem glanzvollen Zeitalter lebt. Die große Armee rückte von allen vier Seiten vor und fegte die Bösewichter weg. Die

Banditen wagten sich vor Furcht nicht heraus und schienen sich im Geschäftsviertel festzusetzen, um es wie ein natürliches Hindernis zu nutzen.

Weil die Soldaten das Viertel nicht stürmen konnten, zündeten sie es an allen vier Ecken an. Sie griffen an und legten zugleich Feuer. Außer denen, die im Kampf den Tod fanden, wurden jeden Tag mehrere hundert Banditen lebend gefangen. So verlor Wang Lun alle seine Anhänger, seine Lage wurde unhaltbar, und da er wusste, dass seine Verbrechen so groß waren, dass es nach dem Gesetz keine Gnade geben konnte, legte er Feuer und brachte sich um. Alle bedauerten es, dass es ihnen nicht möglich war, seinen Leichnam zu zerstückeln.

Ich aber meine, dass sein Fleisch und seine Knochen zermalmt wurden und seine Lunge und seine Leber verbrannten, ist doch weit schlimmer, als wenn er zerstückelt worden wäre.

Insgesamt dauerte es von der Erhebung bis zur Niederschlagung der Banditen 26 Tage. Die anständigen Bürger, die in drei Kreisen und einem Bezirk umgebracht wurden, sind nicht zu zählen. Diejenigen davon, die sich ihrer Pflicht bewusst waren, zwischen Gehorsam und Auflehnung zu unterscheiden wussten und sich nicht von den Banditen zum Mitmachen zwingen ließen, sondern Selbstmord begingen, um sauber zu bleiben, oder die Banditen schmähten und deshalb ermordet wurden, lassen sich – abgesehen von den Herren Lokalbeamten – nicht alle einzeln aufführen. Von Seiner Majestät wurde dann ein Erlass verkündet, dass Beamtenposten und Hilfsgelder zu vergeben seien, um die Seelen der Getreuen zu trösten. Denjenigen unter der einfachen Bevölkerung, die heimatlos geworden waren und ihre Existenz verloren hatten, galt die doppelte Fürsorge: Die Speicher wurden geöffnet, Steuern und Abgaben erlassen, und Saatgut wurde verteilt. Es dauerte kein volles Jahr, da war die Not des Volkes behoben. Es gab wieder Vorräte wie ehedem, und man lebte glücklich und zufrieden.

Ach! In den mehr als einhundert Jahren, seit unsere Dynastie in Frieden regiert, hat sich der Ruf ihrer Menschlichkeit überall unter dem Himmel verbreitet, und unter den fremden Ländern gibt es keines, das nicht trotz der Notwendigkeit mehrfachen Dolmetschens herbeikäme. Wenn es aber Unruhestifter darunter gibt, was wäre dann hart genug, um nicht von den Truppen des Kaisers zerschlagen zu werden, wenn sie anrücken? Wang Lun als kleiner Mann von „links des Gebirges" bildete sich ein, er könne zeigen, wie man sich wild gebärden und den weitsichtigen Gedanken des Herrschers zur Last fallen kann. Nachdem ein Heerführer ernannt und die Truppen bestimmt waren, dauerte es nur Tage, bis sie die Rüstungen angelegt hatten, und am nächsten Morgen war der freche Räuber vernichtet. Wie wunderbar schnell doch ein heftiger Wind das Herbstlaub wegfegt! Ich war selbst mit in den Stellungen und habe die Verhältnisse mit eigenen Augen gesehen, darum wage ich, die Ereignisse in Umrissen darzustellen, wie ich sie gesehen und gehört habe – allen begriffsstutzigen Unruhestiftern und wahnwitzigen Aufrührern zur Warnung.

Die Causa falscher Kaiserenkel

Als Kaiser Chun im Frühling des 37. Jahres des Sechzigerzyklus auf dem Rückweg von seiner Reise nach dem Süden in Zhuozhou Station machte, wurde der kaiserliche Wagen von einem Buddhistenmönch empfangen, der einen Knaben bei sich hatte und sagte, dies sei der zweitälteste Sohn des Prinzen Lü mit dem postumen Ehrennamen Duan. Er sei, als er noch in den Windeln lag, verstoßen worden, weil die zweite Nebenfrau eifersüchtig gewesen sei. Er, der Mönch, habe ihn aus Mitleid zu sich genommen und großgezogen.

Der verstorbene Prinz Lü mit dem postumen Ehrennamen Duan hieß mit Rufnamen Yongcheng. Er war der vierte Sohn von Kaiser Chun, sollte aber die Linie des Prinzen Lü fortsetzen, der den postumen Ehrennamen Gong erhalten hatte. Seine besondere Liebe galt einer seiner Nebenfrauen, die einer Familie Wang entstammte. Eine andere Nebenfrau brachte seinen zweiten Sohn zur Welt, für den Se. Majestät bereits einen Namen bestimmt hatte. Zu dieser Zeit war der Prinz im Gefolge Sr. Majestät nach Luanyang gereist. Da wurde ihm gemeldet, das Neugeborene sei an den Pocken gestorben. Die Leute in seiner Residenz aber sagten übereinstimmend, das Kind sei von der Nebenfrau Wang umgebracht worden. Die Angelegenheit war so mysteriös, dass niemand sie zu durchschauen vermochte. Auch Se. Majestät hatte gerüchteweise von der Affäre gehört und glaubte deshalb, mit dem Knaben könnte es seine Richtigkeit haben. Er erkundigte sich bei seiner Nebenfrau aus dem Clan Irgen Gioro, und sie berichtete: „Als das Kind tot war, habe ich es zum Zeichen der Trauer gestreichelt, es ist nicht von der Nebenfrau Wang ausgesetzt worden." Diese Aussage war klar und deutlich, daher ließ Se. Majestät den Knaben in die Hauptstadt bringen und befahl den Mitgliedern des Staatsrats, sie sollten ihn gemeinsam ins Verhör nehmen. Der Knabe machte ein feierliches Gesicht und gab sich sehr aufrichtig. Er nahm auf der Bank im Dienstzimmer des Staatsrats Platz und blieb aufrecht sitzen, als er dessen Mitglieder erblickte. Den Rat Hešen redete er beim Rufnamen an und sagte zu ihm: „Komm, du bist ein vertrauter Gefolgsmann meines Kaiserlichen Großvaters, du darfst nicht zulassen, dass ein leiblicher Abkömmling des Himmelssohns zugrunde geht!"

Die Mitglieder des Staatsrats wagten nicht, ein Urteil über Wahrheit oder Lüge zu fällen. Da trat der stellvertretende Minister Bao Litang, der seinerzeit einer der Sekretäre des Staatsrats war, in herausfordernder Weise vor den Knaben hin, versetzte ihm eine Ohrfeige und fragte: „Woher stammst du, du Bauernlümmel? Jemand hat dir etwas eingeredet, und da wagst du es, dich an einer Verschwörung zu beteiligen, die deine ganze Familie das Leben kosten kann?"

Erschrocken verriet der Knabe, dass er aus dem Dorf Shu Cun kam, mit Familiennamen Liu hieß und von dem Mönch instruiert worden war. Damit war der Fall klar, und den Zeitgenossen galt Bao als ein zweiter Juan der Unfehlbare.

Als die Sache gemeldet war, wurde der Mönch auf dem Marktplatz enthauptet. Der Knabe wurde zum Militärdienst nach Ili verbannt. Später gab er sich auch dort als Enkel des Kaisers aus, wiegelte das unwissende Volk auf und wurde durch den nachmaligen Großsekretär Songyun ebenfalls enthauptet.

Aber wie ich erfahren habe, hat ein Eunuch aus der Residenz, dessen Familienname Yang lautete, gesagt: „In Wirklichkeit ist der zweitälteste Sohn des Prinzen Lü während der Pockenepidemie nicht gestorben. Frau Wang hat ihn heimlich durch eine fremde Kinderleiche ersetzt und des Prinzen Lustknaben Salingga befohlen, ihn aus der Residenz zu schaffen und aufs Ödland zu werfen. Was die kaiserliche Nebenfrau gestreichelt und beweint hat, war nicht das richtige Kind."

Aber dafür, dass ein Mönch ein falsches Kind entsprechend instruiert hat, gibt es wohl ebenfalls Belege, und es kann nicht ohne Grund dazu gekommen sein.

Stellennachweise

„Fünf Arten von Glück"
„Wufu" 五福, von Qian Yong 錢泳, in *Lüyuan conghua* 履園叢話 (Qingdai shiliao biji congkan 清代史料筆記叢刊. Beijing: Zhonghua, 1979), 7 („Yi-lun" 臆論),175ff.
Übersetzung zuerst publiziert als: Tjiän Yung: „Die fünf Arten des Glücks", *Sinn und Form* 60.2 (2008), 271-273.

„Vom Essen und Trinken"
„Yinzhuan bu" 飲饌部, von Li Yu 李漁, in *Xianqing ouji* 閒情偶寄. (Ming Qing xingling wenxue zhenpin 明清性靈文學珍品. Beijing: Zuojia, 1995), 253-278.
Übersetzung zuerst publiziert als: Li Yü: „Über Essen und Trinken", *Sinn und Form* 57.3 (2005), 363-389.

„Gaukelkünste"
„Huanxi ji" 幻戲記, von Pak Chi-won 朴趾源, in *Yŏrha ilgi*/ chin. *Rehe riji* 熱河日記 (Shanghai: Shanghai shudian, 1997), 253-258.

„Die Geschichte vom Wolf in den Zhongshan-Bergen"
„Zhongshan lang zhuan" 中山狼傳, von Ma Zhongxi 馬中錫, in *Jiu Xiaoshuo* 舊小說 (hg. von Wu Zengqi 吳曾祺. Wanyou wenku 萬有文庫. Shanghai: Shangwu, 1930. Nachdruck Shanghai: Shanghai shudian, 1985), 3.14 („Wuji, yi" 戊集一), 56ff.
Übersetzung zuerst publiziert als: Ma Dschung-hsi: „Die Geschichte des Wolfs in den Dschung-schan-Bergen", *Sinn und Form* 61.5 (2009), 654-660.

„Eine Darstellung von Leben und Taten der Frau Liu"
„Shu Liushi xingshi" 述劉氏行實, von Pu Songling 蒲松齡, in *Liaozhai wenji* 聊齋文集, *Pu Songling ji* 蒲松齡集 (hg. von Lu Dahuang 路大荒. Shanghai: Shanghai guji, 1986), 1.8.250f.

„Der pietätvolle Sohn Zhou"

„Shu Zhou xiaozi shi" 書周孝子事, von Qian Yong 錢泳, in *Jiu Xiaoshuo* (Angaben s. u. „Die Geschichte vom Wolf in den Zhongshan-Bergen"), 4.19 („Jiji, si" 己集四), 88ff.

Übersetzung zuerst publiziert als: Qian Yong: „Zhou, der pietätvolle Sohn", *Hefte für ostasiatische Literatur* 49 (Nov. 2010), 13-26.

„Cuiliu"

„Cui Liu" 翠柳, von Zeng Yandong 曾衍東, in *Xiaodou peng* 小豆棚 (Qingdai biji xiaoshuo congkan 清代筆記小說叢刊, Jinan: Qilu shushe 1991), 13 („Zaji lei" 雜技類), 264.

Übersetzung zuerst publiziert als: Dsëng Yän-dung: „Vier Geschichten aus der Kleinen Bohnenlaube" („Tsuee-liu", „Die Falkenjagd", „Der kesse Tschu", „Li der alte Gemüsehändler", *Sinn und Form* 60.2 (2008), 261-270.

„Der kesse Chu"

„Chu xiaolou" 褚小樓, von Zeng Yandong, in *Xiaodou peng* (Angaben s. u. „Cuiliu"), 14 („Yinni lei, Daopian fu" 淫暱類盜騙附), 279f.

Übersetzung zuerst publiziert als: Siehe „Cuiliu".

„Die Falkenjagd"

„Fang ying" 放鷹, von Zeng Yandong, in *Xiaodou peng* (Angaben s. u. „Cuiliu"), 14 („Yinni lei, Daopian fu" 淫暱類盜騙附, 287ff.

Übersetzung zuerst publiziert als: Siehe „Cuiliu".

„Der alte Gemüsehändler Li"

„Maicai Li lao" 賣菜李老, von Zeng Yandong, in *Xiaodou peng* (Angaben s. u. „Cuiliu"), 16 („Zaji" 雜記), 324f.

Übersetzung zuerst publiziert als: Siehe „Cuiliu".

„Die bunten Boote vom Perlfluss"
„Zhujiang huafang" 珠江花舫, von Xuan Ding 宣鼎, in *Yeyu qiudeng lu* 夜雨秋燈錄 (Hefei: Huangshan shushe, 1986), „Xuji" 續集, 3.158ff.
Übersetzung zuerst publiziert als: Hsüan Ding: „Die bunten Boote vom Perlfluß", *Sinn und Form*, 66.6 (2014), 829-835.

„Die kleine Geschichte von Mary"
„Meili xiaozhuan" 媚梨小傳, von Wang Tao 王韜, in *Songyin manlu* 淞隱漫錄 (Zhongguo xiaoshuo shiliao congshu 中國小說史料叢書, Beijing: Renmin wenxue, 1983), 7.305ff.
Übersetzung zuerst publiziert als: Wang Tao: „Eine kurze Lebensbeschreibung von Mary", *Nachrichten der Gesellschaft für Natur- und Völkerkunde Ostasiens* (Hamburg), 179-180 (2006), 271-280.

„Kurze Darstellung des Überfalls auf Linqing"
„Linqing koulüe" 臨清寇略, von Yu Jiao 俞蛟, in *Meng'an zazhu* 夢厂雜著 (Lidai biji xiaoshuo congshu 历代笔记小说丛书. Beijing: Wenhua yishu, 1988), 6.205-230.
Übersetzung zuerst publiziert als: Yü Djiau: „Kurze Darstellung des Überfalls auf Lin-tjing", *Sinn und Form* 58.2 (2006), 200-218.

„Die Causa falscher Kaiserenkel"
„Wei huangsun shi" 偽皇孫事, von Aisin Gioro Jooliyan (chin. Aixinjueluo Zhaolian 愛新覺羅·昭槤, in *Xiaoting zalu* 嘯亭雜錄 (Qingdai shiliao biji congkan 清代史料筆記叢刊. Beijing: Zhonghua 1980, Nachdruck 2006), 6.177f.